FEMMES D'ÉTAT
L'art du pouvoir

世界史を変えた女性指導者たち

下

マリー・アントワネットから メルケルまで

アンヌ・フュルダ 編
Anne Fulda

神田順子／田辺希久子／河越宏一／村上尚子／松尾真奈美／清水珠代 訳
Junko Kanda　Kikuko Tanabe　Koichi Kawagoe　Naoko Murakami　Manami Matsuo　Tamayo Shimizu

原書房

世界史を変えた女性指導者たち＊下◆

マリー・アントワネットからメルケルまで＊目次

世界史を変えた女性指導者たち＊上◆目次

11 マリー・アントワネット（一七五五〜一七九三）
権力は幻想にすぎなかった

エレーヌ・ドラレクス

結婚から数か月後、マリー・アントワネットは母への手紙の中で、うれしそうに書いている。「彼はわたくしをとても愛していて、わたくしの望むことはなんでもしてくれます」。そうした様子は、その後もずっと変わることはなかった。うら若きこの女性は、自分にどれだけつくしてくれるかで夫の愛情をはかった。王太子は何につけても若妻の意思を尊重し、あきらかに従属していたから、オーストリア大使のメルシー・アルジャントー伯爵[1]をはじめ、彼女にはもっと大きな運命が約束されている、と予測する者も多かった。王の心を支配するマリー・アントワネットは、容易に権力を手に入れるかにみえた。

フランス王妃の政治力を語るのは、むろんむりがある。サリカ法[2]の成立以来、王位継承も最高権力の正統性も、男性にのみあたえられていた。女性の摂政という例外をのぞけば、法律上、王妃には王国の世継ぎを生むこと以外、なんの政治的役割も認められていなかった。マリー・アントワネットが受けた教育と嗜好を考えれば、政治云々をいうのはなおさらむだなことに思われる。ヨーロッパにおける女性権力の絶対的体現者である彼女の母、ボヘミア＝ハンガリー女王でもあったマリア・テレジア女帝の政治好きは遺伝していなかった。[3]したがってマリー・アントワネットにおける権力の問題は、王を通してしかありえないという点で、つねに複雑な影響力のプリズムを通したものになる。このプリズムは変化し、いつわりの像を結ぶから、同時代の人々や歴史家たちは、「王のようにふるまう」王妃の政治力を過大評価し、逆にルイ一六世の賢さを過小評価しがちとなった。

「王妃が王の心を完全に支配」

娘が子どもの頃から、万人を魅惑する強烈な力をもっていることをよく知っていたマリア・テレジアは、こう助言していた。

「あなたは体全体に、だれもがあらがえないほどの魅力的な何かをおもちです。それは神からの贈り物ですから、神に感謝し、神の栄光のため、人々の幸福のためにそれをもちいなければなりません」

マリー・アントワネットには、まさしく人を骨抜きにする力があった。彼女にノーを言うことは不可能だった。ルイ一五世は王太子妃としてやってきたマリー・アントワネットの言いなりだったから、彼女は一三歳にして王国の重鎮たちに対し、信じられないほど自然かつ大胆に命令を下すようになった。王の主席建築家であり、王立建築アカデミーの会長として知られるガブリエルには、ルイ一四世の国王大居室の続き部屋にある自室の天井画と彫刻を、モダンなものに変えるよう、王の口ぞえもなしに依頼して、ガブリエルをあっけにとらせた。夫に対して確実に自分の意思を通すため、彼女は周到に準備した。メルシーに打ち明けているように、「入念に準備された計画によって、あらゆる機会に王太子をわたくしの意思に従わせることができました」。王太子が断わると、彼女はふたたび攻勢をかける。義妹のプロヴァンス伯夫人［ルイ一六世の弟の妻］はこう述べている。

「王妃にはある才能があります。ひとたび欲しいと思ったら、決してあきらめません。そしていつも目的を達するのです」

過去の王の時代には考えられないことだった。これまでは、王の一言で二度とその話題などもちだせなくなった。

首筋はピンと伸び、顔は美しい卵形、肌は輝いて顔立ちがぼやけるほど。下唇がやや膨らんだ、すねたような口元、華奢だがやさしい丸みを帯びた体、驚くほど優雅な動作。若き王太子妃は人々の注目を集め、たちまち彼らの心を奪った。その魅力とキラキラした快活さに魅了されたルイ一六世は、もはや何もこばめなくなった。修繕や普請、邸宅、友人やとりまきのためにおねだりした官職、賭け事での借金、手当や王妃内廷費の増額…。王弟たちの妻、プロヴァンス伯夫人やアルトワ伯夫人と比べても、国王が妻を自慢に思っていたことはまちがいない。ボワイネ伯夫人の辛辣な言葉をかりれば、後者は「とくに醜く、頭も悪く、無愛想で見るにたえな」かったという。メルシーはこう喝破する。

「彼［ルイ一六世］は彼女にあらゆる意味で恋をしていて、その気持ちにくわえて尊敬の念もいだいていた」

王が無条件で後ろ盾となっているから、大臣たちがたしなめようにもお手上げだった。当時の偉大な記録文学者の一人、クロイ公は次のように語っている。

「王は王妃にますますぞっこんで、王妃は我をとおすたちだったから、騒動になることも多く、王妃に服従しないものはやがて姿を消していった」

年を重ねるにつれ、マリー・アントワネットはルイ一六世が自分に「際限なく甘い」ことに慣れきって、ときには面白がってさえいた。首席侍女のカンパン夫人によれば、王妃はお気に入りの人々と夜を過ごすため、王を早く寝かせようと、みずからの手で時計の針を進ませたという。王がいると気がねして自由にふるまえず、楽しい集いの邪魔になるからだ。

「王は一一時ちょうどに床につかれました。[…]就寝時間が来たと信じ込んで自室に下がられましたが、夜の支度を手伝う者が一人もいません。この悪ふざけのことはヴェルサイユ宮殿のすべてのサロンに広まり、批判の的となりました」

またある時は、王に相談するふりをして、いやがる王に要求をのませることもあった。ルイ一五世時代の外務大臣で、二人の結婚をおぜん立てしたショワズール公爵を、王はひどくきらっていたのだが、その人物の謁見を承知させたのだ。マリー・アントワネットは公爵の失脚で宮廷における唯一の後ろ盾を失っていたから、なんとしても復職させようとしていた。だがショワズールをいみきらうルイ一六世は聞き入れない。一七七五年六月、ランスでの戴冠式の際にチャンスが訪れたが、夫に黙って危険な賭けにでる勇気はなかった。友人のローゼンベルク伯爵に宛てた有名な手紙の中で、彼女は目的を達成するためにどんな策略をもちいたかを語っている。

「ご承知のようにわたくしは国王陛下に相談せずに彼に会ったりしませんが、許可を願い出たと見えないよう、わたくしがどんな巧妙な手を使ったかはお分かりにならないでしょう。ショワズール氏に会いたいのは、その日、とくにやるべきことがないからと、陛下にお伝えしたのです。これはとてもうまくいって、お気の毒なあの方は[4]、私が彼に会うのに最も都合のよい時間を、みずから選んでくださいました」

「お気の毒なお方」…いかにも楽しそうに、親しみと哀れみの混じった気持ちで、彼女は自然とそう書き綴った。ローゼンベルクから手紙を見せられたマリア・テレジアは、その言葉に表情をこわばらせた。ルイ一六世が妻の目から見ていかに尊敬と威厳を失っているか、そしてそれは国民の目から見ても同じなのだと、一瞬にして理解したのだ。マリー・アントワネットは当初、ゲーム感覚で自分の実力を試し、どこまで許されるのかを見きわめようとしていた。まるでわざとルールを破り、大人の気持ちをあやつって自分の思いをとげようとする子どものようだ。一方でメルシーは、マリー・アントワネットの兄、皇帝ヨーゼフ二世に「王妃が王の心を支配していること」をもっと利用すべきだと進言していた。

「これほど優位に立たれているなら、王妃はその気になれば国事もふくめ、あらゆることがおできになるでしょう。［…］わたくしが王妃にお伝えした重要な考察は、王妃の影響力が今後どれだけ強固に、大きくなっていくか、そしてどうすればそれを最も有効活用できるかということです。［…］かなり以前から、世論は王国を統治できるのは王妃しかいないと信じています」

「王妃には宰相が必要です」

駐ヴェルサイユ大使のメルシー・アルジャントー、ヨーゼフ二世、マリア・テレジアの宰相カウニッツのいずれもが、マリー・アントワネットはオーストリアの国益につながる「重大問題」に容易に影響力を行使しうる、非公式の大使とみなしていた。あとはどうやってそれを実現するかだが、宰相カウニッツはこう提案する。

「王妃にはこれ見よがしな態度をさけ、あらゆる場面で王がすべてをおこない、すべてをおこなったかのように見せることが求められます」

さらに、「王妃が自分を支配しているという敵意を、王の心に芽生えさせる」ことだけはさけるべきとつけくわえた。メルシーの意見も同様だった。

「王妃は王に絶対的な力を行使するようになるでしょうが、望んでそうしていると見えないよう、王を支配しなければなりません」

一七七四年春、カウニッツはフランス語の報告書で、今後とるべき方策を提案している。その一つが、大臣たちを通して影響力を行使するという方法だった。

「ご自分の権威を首脳や大臣を推薦することだけにもちいていただき、それらの大臣に、自分の出世は王妃のおかげと思わせるのがよろしいでしょう。これがそうとは見えない形で、やっかみや嫉妬をよぶこともなく、国の重大問題に大きな影響力を行使していただく最適な方法でしょう［…］」

まずめざすべきは、要職である外務大臣の人選である。メルシーはこう指摘する。

「第一にとるべき措置は、王の考えを細心の注意で見守り、周囲のあらゆる讒言《ざんげん》が耳に入らないようにし、王に圧力をかけようとか、支配しようとかしていないように見せることです。そのうえで宰相や閣僚選びが始まる兆候が少しでも見えたなら、王妃が人選に口を出せるよう行動をとることです」

カウニッツはさらに、「若くて経験が浅く、凡庸な」ルイ一六世には宰相が必要だと提案する。だがメルシーは、宰相は「不都合な人物」であり、余計な仲介役として当方の面倒をふやすことになるから、マリー・アントワネットこそがその役割を果たすべきだ、と考え、女帝に次のように説明した。「フランスにおける宰相の仕事は、昔から王妃たちを妨害し、信用を失わせることでした。[…]王妃にこそ宰相が必要です、つまり王の重要な大臣二、三人を手なずけ、彼らを保護することで王妃の言いなりになるようにしなければなりません」

今こそ、王妃が国家の舵とりをすべき時だ。

「[王には]一人で統治する力も意志もないでしょう。大公女［マリー・アントワネット］が王を支配しなければ、他の者が支配するだけのことです」

この計画を練るにあたって彼らが計算に入れていなかったのは、マリー・アントワネットの性格だ。彼女は「真面目な問題」にいっさい関心がないだけでなく、文字どおり手に負えないじゃじゃ馬である。政治だろうとなんだろうと、自分の好き勝手を通す。一七七六年に女帝に提出された秘密の報告書がそれを裏づけている。

「なんでも思いどおりにいくことを望み、努力を強いられるのも、邪魔されるのも好まれません。(…)完全に自立していたという願望、いや断固とした意志が、感情としてしみついています。だれからも支配されたくない、指示されたくない、指導すら受けたくないということを、機会あるごとに示しておられます」

メルシーは手間をおしまず、「王妃の心を政治的な影響力や思考へと向かわせる」ようねばり強く試みた。国家の必要性というヴェールにつつんで、権力への嗜好をとぎすまそうとした。そのため夫には統治能力がなく、虚弱で優柔不断で臆病で鈍重で、統治しようとしても「いかにも危なっかしく」、「いつか(彼女が)フランスを統治することになる」と信じ込まそうとした。来る日も来る日も、国王を軽蔑するよう仕向けた。彼女が夫を見下したとしても、どうして責められようか。

だが努力の成果は「一瞬しか続かず、いつも痕跡も残さず消え去ってしまう」のだった。一七七八年、王妃が第一子を身ごもると、メルシーはいよいよその時が来たと信じた。七年も子どもを待ちつづけた王は有頂天だ。この予期せぬ好機に乗じて、決定的な政治的影響力を手にしなければならない。「王妃は身ごもられてから、これまでと比べものにならないほど落ち着かれ、この気高い王妃がご自分の立場を十分に理解し、そこからどれだけ利益をえられるかを理解されれば、あらゆる面できわめて好ましい変化が生じるでしょう」

だが若き王妃は権力の重苦しい束縛より、母になる喜びでいっぱいだった。

王妃が権力をにぎることへの期待はみごとに裏切られた。メルシーはあきらめ顔で、ヨーゼフ二世にこう告げる。この件にかんして王妃は「心から嫌悪をいだいている」わけではないが、「まったく

く無気力」であると。さらに悪いことに、

「王妃は国政にうんざりしていて、それについて知りたくもないし、夫の負担を軽くしてあげようという気持ちもないと、王は思っておられるのです」

もはや王妃を持続的に政治にかかわらせることは望めない。期待に反して、彼女には野望を実現する資質がないのかもしれないと、メルシーは思いはじめた。彼はこう認めている。

「王妃の生来の気質からすると、非常に明確な計画ですら、全体像を把握して、少しずつ実現していくことはおできになりません。わたしの見るところ、さまざまな事柄を混同して判断に迷い、決断ができず、やる気を失ってしまわれるのです」

次のような手紙を書いたマリア・テレジアの先見の明を、メルシーはあらためて痛感させられる。

「国王陛下はこれまでわが娘に信頼を寄せておられたようですが、彼女が今後、政治に大きく関与することはないだろうと思います。フランスの政治体制がなんであれ、彼女は努力をしませんから、それが政治に関与することをはばむ大きな障害となるでしょう」

娘をよく知るマリア・テレジアは、彼女が「浅はかな考え」からルイ一六世に影響をあたえて物議をかもすのをおそれた。そうなれば「陛下からうとまれ、大臣たちから疑われ、国民から嫌われることは必至です」。例によって、女帝は警鐘を鳴らす。

「娘は若く軽率である上、努力しようという気がありません。それに何も知りません。ですから、現在のように崩壊状態のフランス王国の運営に成功をおさめるとは思えませんし、彼女が王政を立てなおすことができず、あるいは王政がもっと悪化した状態になるのなら、娘でなく大臣たちが責任を問われるほうが望ましいのです」

だが重要案件を精査するのが苦手とはいえ、マリー・アントワネットには使いようによっては価値ある素晴らしい資質があった。人情の機微に敏感で、理屈より人間に愛着をいだくこと、そして自分の考えを主張するとき、なみはずれた熱意とねばり強さと大胆さを発揮することだ。彼女は幼い時から、くりかえしこれを実証してきた。三者の一致した見方は、彼女の影響力を人事に限定することだった。どの人物を推すべきかを指示しさえすればいいのだ。

「国王陛下は支配されることを非常におそれておられます」

ウィーン政府の三人が見逃していた、もう一つの重要な要素がある。ルイ一六世の性格を大きく見誤っていたのだ。ブルボン家の王として、ルイ一六世は子どもの頃から女性に対する慎重さを教え込まれてきた。側近であれ、妻であれ、愛人であれ、「支配されること」を嫌がるのはルイ一四世以来の伝統だ。シャルル・ペローは『回想録』の中で、一六六一年に王位についた際、若き君主が並みいる大臣たちに語った言葉を紹介している。

「わたくしは若く、女性はわたくしくらいの年齢の者に大きな力をふるうものです。だれであろうと、女性が少しでもわたくしを支配し、押さえつけようとしていると気づいたら、わたくしに警告をあたえるようあなたがたに命じます。二四時間以内に、その女性を追いはらおうと思います」

ルイ一六世はこの方針を維持した。マリー・アントワネットはこのことについて、こう兄に愚痴をこぼしている。

「陛下の生来の不信感がいっそう強まったのは結婚前、まず家庭教師によってでした。ラヴォギュイヨン氏は、妻が彼の上に立つことへの恐怖を植え付け、腹黒いもくろみから、オーストリア宮廷にかんしてあらゆる妄想をでっち上げ、教え子をおびえさせたのです。モールパ氏［ルイ一六世即位時の国務大臣］も、アクの強さや悪意ではおとるものの、王に同じような考えを吹き込むことが自分の出世に役立つと考えていました。ヴェルジェンヌ氏［外務大臣］も同様で、外交にかんする報告書を通して虚偽と嘘を吹き込んだと思われます」

メルシーは指摘する。「国王陛下は支配されることがとりわけお嫌いで、恐れをいだいておられます。政治の話になると、すぐになにか画策しているのかと疑われるので、慎重の上にも慎重を期すべきです」。このように、ルイ一六世は妻をあらゆる政治的決定から遠ざけていた。

メルシーもヨーゼフ二世もカウニッツも、王がルイ一四世の以下のような信条を信奉し、宮廷と政治を峻別していることを理解していなかった。

「感情を捨て去り、精神の絶対的主人でありつづけなければならない」

メルシーが女帝に以下のように断言しているのは、彼がいかに現実を見誤っていたかの証拠だ。

「陛下は高貴な奥方を楽しませることに大変な情熱をおもちで、より重大な問題についても王妃がそれを気にかけ、関心をおもちと知れば、かならずや同じようになさるでしょう」

王妃の娯楽や気晴らしに対する「際限ない甘やかし」が、実は王妃を政治から引き離しておくための手段だったことを、メルシーは理解していなかった。ルイ一六世が王妃に宮廷をぎゅうじらせていたのは、彼女を政治から排除するためだった。一七七四年五月の即位時に、王妃がかねてから望んでいた小トリアノンをあたえたのも、まちがいなくこのことが根底にあった。王妃はこの宮殿にもちまえの情熱をそそぎこんだのは知ってのとおりだ。おかかえ建築家のミクとともに、多額の費用をかけて「庭をひっくり返して」楽しんでいる間に、王は閣僚の入れ替えをおこない、そこには外務大臣もふくまれていた。ウィーン政府はベルニを、王妃はブルトゥイユ男爵を推していたが、任命されたのは彼らにとって不都合なヴェルジェンヌだった。この重要人事は、「ほとんど王妃が知ることも、最低限の注意をはらうことさえないまま」進められたと、メルシーはなげいている。

ルイ一六世が妻を政治から遠ざけていたのには理由がある。妻の性格だけでなく、知的な限界や軽率さも知っていたのだ。また妻の怒りをおそれてもいて、「彼女を愛するのと同じくらい、彼女をおそれておられます」とメルシーは証言している。そこで王妃の関心を別方面に向け、断片的な情報しかあたえずに無力化し、介入するそぶりを見せたときは、まずは耳を傾けることで正面衝突を避け、ときには沈黙をまじえながら、曖昧な答えでやんわり要求を拒否するようにした。まさに匠《たくみ》のわざだ。一七八四年、マリー・アントワネットはヨーゼフ二世にこうなげいている。

「彼はもともと口数が少ないので、隠す気はないのでしょうが、重要な事柄について話してくれないことがよくあります。聞けば答えてくれますが、自分からはほとんど話してくれません。ある事柄の一部を知ったなら、それ以上のことはちょっとした機転をきかせ、陛下からすべて聞いているふりをして、大臣たちから聞き出さなければなりません。ある問題についてわたくしに話さなかったことを咎めても、陛下は腹も立てず、困ったようなそぶりで、ときには素知らぬ顔で『思いつかなかった』

などとお答えになります。じつをいうと、政治的な事柄は私が最も手の届かない事柄なのです」

ルイ一六世は意志薄弱とされているが、見かけと実際は大ちがいだった。聡明で理性的、無限の忍耐力をもつ彼は、妻がだれだれを登用すべきだと主張するのを聞きはするが、重大な結果につながるようなら聞き流した。プライドの高い王妃を傷つけないよう、さほど影響のない「ささいな問題」では譲歩し、ことが重要事項に及ぶときは随時、必要であればご褒美を与えることで妻をなだめつつ、つきはなすようにしていた。まして国益がからんでくれば、王は毅然として一歩も譲らなかった。その証拠に、ずっと王の不興をかっていたショワズールは、王妃が手をつくしたものの、寵愛をとりもどすことはできなかった。スウェーデンの詩人で外交官でもあったクロイツ伯爵の報告書によれば、王妃が主張をくりかえして王の決定に反論すると、王は妻の行動を断固としてたしなめたという。

「王妃はショワズール氏のため行動を再開しました。現政権を非難し、大臣たちの才覚をこき下ろし、サンジェルマン氏（陸軍大臣）が導入した新政策がこのうえもない大混乱を引き起こし、そのために国内に不満が広がったと指摘したのです［…］。この諫言《かんげん》に、国王陛下にはひどく気分を害されました。陛下は不機嫌に、こう答えられました。あなたは以前からわたくしの選択を非難しつづけておられますが、わたくしが特定の大臣に信頼をおいたりすれば、その大臣はあなたの憎しみ恨みを買ってしまいます。あなたには見識も情報もたりません。わたくしはあなたよりも政務も人間も知っているし、わたくしはひたすら国のためを思い、陰謀や無責任な発言にもまどわされず、あなたよりまちがいを犯すおそれは少ないのですから、どうぞ二度と口出しはなさらないでください、と。［…］国王の反応、とりわけたしなめられたことが、王妃の心に絶望をもたらしました」

夫に圧力をかけるようヨーゼフ二世に頼まれた二つの案件でも、王は同じように拒否権を発動した。ハプスブルク家は一七七八年、バイエルン継承戦争で、バイエルン選帝侯領の帰属を巡ってプロイセン＝ザクセン連合と対立した。ヴェルサイユ条約[5]にもとづき、オーストリア皇帝はフランスに二万四千の援軍を要請した。外交官で後に国会議員となるラ・マルク公爵によれば、「皇帝は同時にマリー・アントワネットにも書簡を送り、国王に援助をうながすよう求めた」。だがルイ一六世はこれを拒否。さらに一七八四年、スヘルデ川開放の件でもルイ一六世は明確に反対の意思を示した[6]。妻の再三の懇願にもかかわらず、王はオーストリアと対立するオランダに肩入れする道を選んだのだ。ヨーゼフ二世は激怒し、ヴェルジェンヌ伯［外相］にあやつられているといって妹を非難した。彼女は自分の「権力」がどれほどのものかは心得ている、と言葉たくみに反論した。影響力は見かけがすべてで心、あると見せかければ、そうなってしまうのだと。

「わたくしはこのことについて、いくども陛下にはっきりお話ししました。彼はときに不機嫌そうに返事をし、議論というもののできない方なので、大臣はまちがっているとか、陛下をだましているなどと、わたくしから説得することはできませんでした。自分がどれほど信頼されているか、過信してはおりません。とくに政治にかんしては、陛下の心をほとんど動かす力がないと承知しています。陛下がわたくしを支持しないとほぼわかっている事柄をめぐって、大臣とことをかまえるのは賢明なことでしょうか。これは虚栄でも作り話でもありませんが、国民には私が実際よりも陛下の信頼を得ていると思わせています。国民がそう思っていなければ、わたくしへの信頼はいっそう低くなってしまうからです。お兄様、いま打ち明けたことはわたくしの自尊心に反することですが、あなた様にはいっさい隠し事はしたくありません」

「デギュイヨン氏の追放は、完全にわたくしがなしとげたことです」

政治においても人生においても、若き王妃を駆り立てていたのは、運命のボタンの掛け違いを正すことだった。一七七五年の秋、舞踏会で彼女は初めて魅力的なポリニャック伯爵夫人と出会った。初対面であることに驚く王妃に、ポリニャック伯爵夫人は貧しさゆえに宮廷に出仕することはできなかったと告白した。マリー・アントワネットはその誠実さに心を打たれ、すぐに彼女と強欲なその一族を引き立て、称号や役職、特権をあたえた。メルシーによれば、あまりのひいきぶりに世論に「嫌悪」がまきおこったという。

王妃が危険を冒してまで「ギーヌ事件」に介入したのも、信頼するショワズールが受けた仕打ちを正す（復讐する）ためだった。フランスの駐英大使ギーヌ伯は、外交的な成果より社交界での成功で知られており、ショワズールと親しい関係にあった。長期にわたったこの事件の概要はこうだ。一七七一年春、ギーヌ伯は秘書のトール・ド・ラ・ソンドが自分の名をかたり、ロンドン証券取引所で公金を使って投機をおこなったと告発した。これに対しトール・ド・ラ・ソンドは、大使との共謀であると主張し、以前から大使は地位によってえた情報を利用して投機をおこなっていたと非難した。一七七五年六月、シャトレ裁判所で、今日で言うところの「インサイダー取引」の刑事裁判が始まった。外務大臣デギュイヨン公はトール側についた。ルイ一五世時代の大臣デギュイヨンは、デュ・バリー夫人［ルイ一五世の愛妾］の一派であり、ショワズールを失脚させた張本人である。どこをとっても王妃の気に入るはずがなく、彼女は公然とギーヌを支持した。事件はたちまちスキャンダルに発展した。マリー・アントワネットは評議会の議決や［外相］ヴェルジェンヌの助言を無視し、国王に懇願して、自分が支持するギーヌがデギュイヨン公との書簡を公開して攻撃できるようにした。これに対して、デギュイヨン側も秘密文書を公開して対抗した。スキャンダルは拡大し、デギュイヨンは大臣を解任され、最終的にギーヌが勝訴した。だがマリー・アントワネットは満足することなく、とどめを刺すべく国王にデギュイヨンの追放を承知させた。「デギュイヨン氏の追放は、完全にわたくしがなしとげたことです」と、王妃は友人のローゼンベルク伯に宣言している。

なんという政治デビューだろうか！　クロイツ伯は王妃の手腕をこう称賛した。

「この事件で、王妃は年に似合わぬ裏工作と熟練とを示されました。この間、公の場でギーヌに声をかけることはなく、彼を見捨てたのだと思われていました。それがとつぜん、陛下に信頼されていることの強みを見せつけたのです。もはやだれも、陛下に対する彼女の力を疑う者はありません」

メルシーはそれ見たことかと膝を打ち、女帝に訴えた。王妃は今や「陛下の大臣全員」を「圧倒した」と。一年後の一七七六年にも同じ話がむしかえされ、ギーヌはふたたび告発を受けた。今度はロンドンで本省の指令に反する政策をとったとして、政府から告発されたのだ。ヴェルジェンヌは大使の罷免を要求した。マリー・アントワネットは対抗策にのりだし、新任の閣僚たちに怒りを向けた。ヴェルジェンヌ、テュルゴー、その友人で宮内大臣のマルシェルブの罷免を要求したのだ。いずれも清廉な人物であり、彼らの唯一の落ち度は、王妃が庇護するギーヌの罪を追及したことであった。メルシーは心配した。

「国民は、すべてが王妃の意思により、王妃が王に一種の暴力をふるうことで起きていることに気づいています」

「すべてはわたくしの心から起きたことです」

フランスの王政に介入するよう、マリー・アントワネットを育てあげようとしたメルシーだったが、生徒は先生の手をすりぬけて勝手な行動に出た。王妃はだれの言葉にも耳をかさず、とりまきの中でも、彼女の感情や自尊心をくすぐることのできる、マキャヴェリばりの「策略家」の言葉しか受け入れなかった。だがフランスにやってきて以来、政治にかんして何の教育も受けず、注意深く遠ざけられてきた彼女には、確固たる政治的影響力を行使する力も、みずからの行動の影響や結果を見通すだけの先見の明もなく、その場しのぎの対応をするばかりだった。感情に動かされ、判断を誤った。「すべてはわたくしの心から起きたことです」と彼女は母親に説明する。メルシーはこう分析する。

「王妃は、保身のため大仰な物言いをする大臣たちの言葉を理解できず、たいした意味はないのだということがお分かりにならないのです」

大臣たちも、王妃に自分たちに対抗する力はないことを見ぬいていた。

「王妃はご自分の要求を当然のものとして、政治的な根拠を示されません。政治的根拠をお示しになれば説得力も出ようものですが、大臣たちのわずかな反論にもお答えになれないのです」

つっこんだ議論ができないので、呼び出して命令するだけだった。ヴェルジェンヌがギーヌの召還に反対すると、王妃はこう答えた。「わたくしは意見を変えませんし、要求は引っ込めません!」。これでは反論になっていない。反対されるとすぐに個人攻撃と受け止め、威厳に傷をつけられたと感じる。それでも、自分は大臣たちを動揺させていると信じていた。

「メルシーと情勢の悪化について話した後、モールパとヴェルジェンヌを呼び出しました。少し強く言ったので、二人とも、とくに後者は動揺したと思います」

しかも、毎回、すぐに忘れて次のことに移るから、ますます信用を失ってしまう。メルシーは重ねて言う。

「そんなわけで大臣たちは、王妃は前日のことも翌日には忘れるからといって、適当にあしらうようになってしまうのです」

ルイ一六世と同様、大臣たちも彼女を封じ込める最善の方法を心得ていた。嵐をやりすごせばいいのだ。それでも、その大胆さにはお手上げだった。たとえば、「オーストリア女」が評議会の最中に国王に伝言を送り、審議を中断して自分に会いにきてほしと頼んだこと…。ルイ一六世はその言葉に従って「座をはずし、われわれは王が戻られるまで、かなり長く待たされた」と、サン=プリエスト伯はあきれ顔で語っている。こうした非常識な行動にウィーン宮廷も懸念を強めた。ヨーゼフ二世は妹に、立場をわきまえるよう強い調子でいさめた。妹を断罪するような書簡のあまりの激しさに、マリア・テレジアは送付を思いとどまるよう、そして表現を和らげ、短くするよう息子に求めた。

「愛する妹よ、大臣たちを異動させたり、更迭したり、領地に押しこめたり、裁判に勝たせたり、金のかかる役職を宮廷に設けたり、政務に口を出したり、そして立場にふさわしくない用語をあやつったりするとは、いったいどういうつもりなのですか。政府や王政の問題に口出しする権利があるのか、考えてみたことはあるのですか。どんな教育を受けたというのです。どんな知識をもって、自分の意見が役立つ、とくに広範な知識を必要とする問題において役立つと思えるのでしょうか。愛すべき若者よ、一日中、軽薄な楽しみや身づくろいのこと、娯楽のことしか考えず、月に四分の一時間も本を読んだり、まともな議論に耳を傾けたりすることもなく、熟考することも瞑想することもなく、自分の言動がもたらす結果を分析することもできない若輩者のあなたが？」

一七七六年のテュルゴーとマルゼルブの罷免は、じつは彼女のせいではなかった。政治にかんしてはつねにそうだったのだが、彼女がルイ一六世に承知させたことは、王自身もすでに決断していたことだった。王がこれらの大臣たちと袂を分かったのは弱さからではなく、妻と同じ判断をしていたからだ。デギュイヨン公に対しても妻と同じ嫌悪感をいだき、パリの隠遁所で陰謀をくわだて、国王夫妻の悪い噂をばらまいていると疑っていた。ギーヌに特別な厚遇をあたえたのは、彼を黙らせるのが目的だった。ギーヌは多くのことを知っており、いざとなれば非常手段に出るとほのめかしていたのだ。テュルゴーについては、特権階級を標的にした野心的な改革をめざしたため、みごとなまでに全員から背を向けられてしまい、出口なしの状況だった。王はテュルゴーの功績を高く評価し、リ・ド・ジュスティス［親裁座、高等法院等での特別会議］で強制的に勅令を登録することで彼を支援してきたのだが、もはや彼を見捨てるしかなかったのだ。

マリー・アントワネットの介入など本質的には無意味だったのだが、これが彼女を必要以上に目立たせる結果になった。マリア・テレジアには、自分は解任にかかわっていないと嘘をついたが、母はそれを信じず、こう答えている。

「あなたが二人の大臣の交代に関与していないとしたら、とてもうれしく思います［…］。この件について残念に思わないとおっしゃいますし、あなたにも十分な言い分があるのでしょうが、しばらく前から国民はあなたのことをあまり高く評価しておらず、立場にふさわしくないふるまいが多いと、あなたを非難しています」

王が実際には王妃の意見を無視していることを、世論はわかっていなかった。国王の意思が弱いせいで、この気まぐれな女性が大臣たちの首をつぎつぎとすげかえ、際限なく公金を浪費していると、国全体が信じていた。女帝が以前から予見していたとおり、騒々しいだけで役に立たない政治的策動をくりかえしたせいで、政府の政策の責任が彼女の上にのしかかっていた。ほんの少しでも問題が生じれば、世論は彼女を敵視する状況だった。一七八五年の首飾り事件〔王妃の名をかたった有名な詐欺事件〕がまさにそれだった。宮廷内のあやしげな陰謀に過ぎないものを高等法院の大法廷にかけたのは、ルイ一六世の大失敗であり、王妃の評判にとりかえしのつかない傷を負わせることになった。この裁判は、それでなくても一触即発だった世論を強く刺激し、王妃の名がその渦中に投げ込まれた。マリー・アントワネットはあきらかに無実だったのに、犯人と見なされるようになった。それまでの軽率な行動、浪費癖、そして国王をあやつるため、ときに露骨で派手な工作をおこなったことのツケがまわってきた。彼女は首飾り事件の裁判の主役となり、内に秘められていた憎悪が初めて表面に出てきたのだった。

「すべては王妃がやった」

以上が、一七八七年までの彼女の政治活動の真相である。その働きは過大評価されていて、実際にはさしたる成果をあげていたわけではない。状況が大きく変わったのは、カロンヌが解任され、ブリエンヌが宰相となってからで、これをさかいに王妃の存在感が高まる。ルイ一六世はより公正な税制の必要性を確信していたが、そのための改革を断行できずにいた。テュルゴー、ついでネッケルという二人の財務総監が、特権階級の抵抗を受けて職を辞した。一七八三年に後任となったシャルル・アレクサンドル・ド・カロンヌは、国家予算の著しい不均衡を解消すべく、高金利の公債を発行し、経済成長を刺激しようとした。さらにテュルゴーの政策を引き継ぎ、特権のあるなしにかかわらず、すべての資産に課税する、「補助地租税」よばれる単一税率普遍税の創設を提案した。一七八七年初め、この提案は名士会［王族・大貴族・司教からなる身分制諮問議会］に提出されたが、激しい反発を受け、カロンヌは辞任に追い込まれた。財政改革がまたも挫折し、国王は鬱状態におちいった。マリー・アントワネットも事態を放置できず、お気に入りのサンス大司教ロメニー・ド・ブリエンヌを後任とするよう提案し、王もこれを受け入れた。以来、王はマリー・アントワネットを信頼し、意見を聞くようになった。新たに財務総監となったブリエンヌに高等法院はまたも反発し、三部会の招集なしに国王が新税を課せないとする不文律を盾にとった。一七八八年八月二五日、ブリエンヌもまた辞任を余儀なくされた。財政状態は危機的なまでに悪化した。国庫は空っぽとなり、世論も騒然となった。

追いつめられたルイ一六世は著しい無気力におちいった。もはや政策に関与する道もたたれ、内に閉じこもって寡黙となった。マリー・アントワネットは「わたくしの上に立つお方は、万全の状態ではありません」とメルシーにうちあける。せめて救えるものは救おうと、彼女は自分のイメージが悪くなるのも承知で、政治のきりもりにのりだした。一七八一年五月に罷免された、各界に人望の厚い銀行家ジャック・ネッケルを呼びもどすよう提案したのも彼女だった。疲れはてた国王も、必要に迫られて妻の提案を受け入れた。「王妃がすべておこなっておられます」と、そのシュヴァリエ・セルヴァン［貴婦人につきそう騎士］だったアクセル・ド・フェルセンは記している。あとはネッケルを説得し、名声を犠牲にする覚悟で引き受けてもらわなければならない。王妃はみずからネッケルを呼びだした。事態の重大さにおびえ、政治的責任の重さ、自分の立場の危うさを初めて痛感した。彼女はメルシーにこう書き送る。

「ネッケル氏に明日一〇時にわたくしの部屋に来るよう、三行の手紙を書いたところです。もはや迷っている場合ではありません。明日から仕事にとりかかってくれるなら、それが一番です。急を要するのです。不甲斐なくて申し訳ありませんが、わたくしが彼を復帰させるのだと思うと、怖くてたまりません。命運を左右するのがわたくしの定めなのです。もし悪魔のわざでネッケルもまた失敗し、陛下の権威がそこなわれたりすれば、わたくしはいっそう憎まれることになるでしょう」

一七八八年一二月二七日、異例のことだったが、国王は三部会の招集を見すえた臨時国務院に、妻の出席を求めた。ネッケルの提案により、財政改革に反対する聖職者・貴族への対抗策として、第三身分の議席倍増が決定された。「王妃はみずからの意見を封印するという賢明、かつ不可欠な道をお選びになりました」とメルシーは言う。マリー・アントワネットは自分の悪評が最高潮に達していると承知していたので、あえて議論にくわわらなかった。世論の敵視ゆえに、そうすることは危険をともなったにもかかわらず、ルイ一六世がうつ状態にあったため、彼女が代わりをつとめなければならなかったのだ。

王政を守る

［革命勃発後の］一七八九年一〇月六日、国王一家はパリに移送され、全パリの注目が王妃にそそがれた。四か月前に王太子が骨髄結核で亡くなり、さらに深い無気力と優柔不断におちいっていた国王とは対照的に、王妃のエネルギーとゆるぎない意志の強さはきわだっていた。マリー・アントワネットは、かつてないほど表舞台に立っていた。それから二年間の彼女の政治行動は有名であり、ここではその概略をたどるにとどめよう。

一七九〇年七月三日、王妃は国王臨席のもと、みずから「怪物」と名づけた人物を引見する。それは第三身分の代表に選ばれた零落貴族のミラボー伯爵で、ヴィクトル・ユーゴーの言葉を借りれば「雄大な醜貌《しゅうぼう》の」人物であり、きわだった弁舌の才によって三部会を支配していた。ミラボーは内密にする条件で、多額の借金を返済するための資金と見返りに、自分の政治力と人脈を王家に提供することを申し出た。王を動かすには王妃を説得しなければならないと知っていたので、メルシーとラ・マルク伯の仲介を受けて、王妃と接触することに成功した。そして王妃の魅力が効を奏した。ミラボーは王妃を補佐することで、「王太后アンヌ・ドートリッシュの宰相」マザランの再来となることを夢見た。三部会に王政護持派を結成し、大物議員たちを買収し、あらためて選挙を実施するよう助言した。そうなれば自分が新憲法の制定に関与し、王権を強化する方向へ導くというのだ。内心の嫌悪感にもかかわらず、王妃はミラボーの申し出を受けることにした。だが一七九一年四月二日、この怪人の急死によって、現実離れしたこの計画は未遂に終わった。

とこここにいたって、王妃は外国の有力者に助けを求めることにした。スペイン国王カルロス四世、ロシア皇后エカチェリーナ二世、スウェーデン国王グスタフ三世、そして兄の後を継いで皇帝になったレオポルト二世である。マリー・アントワネットのひそかな願いは、革命に対抗しうる連合の結成だった。ウィーン、マドリード、ストックホルムの各政府が国境に軍隊を集結させれば、善良なフランス人たちが勇気をとりもどし、国王のもとに集結し、クーデタによって革命を打倒できるだろう。王妃は朝から晩まで手紙を書きつづけた。これらの手紙は仲介者の手をへてヨーロッパの王族、亡命フランス人を率いる義弟アルトワ伯とプロヴァンス伯へと送られた。だが日ごとに切実さをます彼女の訴えに対し、反応はいっさいなかった。どの国も王家の危機を救うつもりはなかった。フランスの混乱は、むしろ歓迎すべきものだった。「ウィーンの深い沈黙」に困惑狼狽するマリー・アントワネットは、兄が動いてくれることを期待したが、決して実現することはなかった。王妃の工作を知ったルイ一六世は、妻とちがって期待はもっていなかったが、あえて止めようとはしなかった。

絶望は彼女をうちのめすどころか、かえって勇気をふるいたたせた。フェルセンとともにヴァレンヌへの脱出計画を練り、国王もその実行を命じた。失敗に終わったこの逃避行の首謀者は王妃だ、とされた。重厚な四輪箱馬車でパリにつれもどされる最中、王妃は護送にあたった優秀な若手議員、立憲君主制を支持する穏健派のアントワーヌ・バルナーヴと知りあう。チュイルリーに拘束されてからもバルナーヴとひそかに手紙をやりとりし、憲法制定を支持するそぶりを見せつつ、そのじつ、あいかわらず外国の介入を模索するという両面作戦をとった。彼女は戦いつづけ、あきらめなかった。革命派にいわせれば、国民議会が提案した妥協案を国王に拒否させたのは王妃であり、それゆえ彼女のあだ名は「マダム・デフィシット（赤字夫人）」から「マダム・ヴェト（拒否夫人）」に変わった。ルイ一六世を退位させるには、彼女を倒す必要があったのだ。マリー・アントワネットは自分の中に思いがけない才能を見出していた。母から受け継いだ天性の資質が目覚めたのだ。彼女はメルシーにこう打ち明けている。

「不幸の中でこそ、人は自分が何者であるかをよりよく知るのです。わたくしの血は息子の中にも流れており、いつか彼がマリア・テレジアの孫であることを証明してくれると願っています」

彼女の工作はことごとく失敗に終わったものの、みずからの政治行動が歴史を動かしているかのような幻想があった――むしろ、歴史の流れを速めていた、と言うべきなのだが。一七九二年七月二五日付でブルンスウィック公が署名した有名な檄文は、王家に少しでも暴力をふるえば容赦なく報復するとパリ市民を恫喝する内容で、これを書かせたのも彼女だった。檄文は冒頭こそマリー・アントワネットの指示の通りだったが、残りの文章は強引かつ現実離れした最後通告となっており、これが導火線に火をつける決め手となった。「急進左派の」ジャコバン派は八月一〇日、王権の停止を求めて武装蜂起することになる。[7]

王妃が政治の舞台で主役を演じたこの重要な時期、その行動がことごとく大局観を欠いていたことに注目すべきだ。マリー・アントワネットは革命をまったく理解できていなかった。子どもの頃から絶対主義の戒律のもとに育てられた彼女にとって、当時の経済・思想・制度・道徳・社会上の危機は想像を超えた、無縁のものであり、その原因を理解することは不可能だった。皇帝の娘としてのプライドにしばられ、啓蒙思想から生まれた自由主義的な願望や新しい国家観を受け入れられず、ルイ一六世とはちがって正当すぎる改革も簒奪《さんだつ》としか見えなかった。彼女は手紙の中で革命家たちを「悪人」「狂人」「怪物」、さらには「乞食」とさえよんでいる。革命を一過性の反乱とし、その重大さを見ぬくことができなかった。デュムリエ将軍は王妃との最初の面会で、その無知を知ったという。将軍が憲法について話すと、彼女はこう言って切りすてた。

「あなたのためを思って言いますが、これは長続きしませんよ」

デュムリエは答えた。

「これは、あなた様が思っておられるような一時的な民衆運動ではありません。長年の虐待に対する、ほぼ国民一致の反乱なのです」

王妃が結果を予測できないままとった行動は、ひとえに家族を守り、不変と信じる王権を回復するためのものだった。裁判を前にした最初の尋問で、あなたの敵はフランスに戦争をしかける者たちなのかと問われ、彼女はこう答えている。

「わたくしが敵と見なすのは、わが子に危害をくわえるおそれのある者たちです」

ルイ一六世は妥協してでも王政を守ろうとしたが、王妃はたとえ国民の血を流してでも家族を守ろうとした。シモーヌ・ベルティエールが言うように、こう結論づけることができるだろう。

「一七九二年の彼女の行動をみれば、決定的な問いをいだかずにはいられない。それはきわめて今日的な問いでもある。自分の命を守るため、あるいは国の利益や幸福と信じるものに勝利をもたらすためなら、どんなに多くの人命が失われ、あらゆる種類の破壊がもたらされるとしても、その行動は許されるのだろうか。マリー・アントワネットはこのことを自問せず、ルイ一六世は自問した。しかし彼女には彼女ゆえの理由があった。ルイ一六世は人々から軽蔑されていたが、憎まれていたわけではない。だが彼女には憎しみが向けられていた。長年にわたって浴びせられた非難の洪水が、彼女がフランスにいだきはじめていた愛情を失わせ、踏みとどまる気持ちを麻痺させた。彼女の裏切り行為の原因の一端が、彼女が一身に背負った憎しみであるとすれば、どうして彼女を責めることができるだろう」

◆原注

1　ウィーン政府から派遣された駐フランス大使メルシーは、女帝マリア・テレジアから娘の監視をゆだねられていた。一〇年間、マリー・アントワネットの一挙手一投足を詳細に記した報告書が、ひそかに母帝のもとに送られた。

2　サリカ法は一四世紀に制定されたが、由緒あるものと見せるため、フランク人サリ族の失われた古代法に由来するとされた。

3　九章（ジャン＝ポール・ブレッド「マリア・テレジア」）を参照。
4　著者による強調。
5　一七五六年五月一日に調印されたヴェルサイユ条約は、オーストリアとフランスの間に交わされた外交協定で、両国が攻撃された場合、互いを援助するとの防衛連合を定めた条項があった。
6　皇帝ヨーゼフ二世は、オーストリア領オランダに海の出口を確保すべく、スヘルデ川の閉鎖を解除するようオランダに圧力をかけた。ルイ一六世は、フランスが仲介した、［オランダのスペインからの独立を定めた］ミュンスター条約（一六四八年）に違反するとして、帝国の経済的野心は支持できないと表明した。
7　八月一〇日の武装蜂起により、議会は王権の停止を宣言し、王政は終わりを告げ、国王一家はタンプル塔に収監される。マリー・アントワネットは裁判の二か月前の一七九三年八月一日、コンシェルジュリの独房に移され、一〇月一六日に処刑される。

＊参考文献

Arneth, Alfred Ritter von, et Flammermont, Jules, *Correspondance secrète du comte de Mercy-Argenteau avec l'empereur Joseph II et le prince de Kaunitz*, 2 volumes, Paris, Imprimerie nationale, 1889-1891.
Arneth, Alfred Ritter von, et Geoffroy, Auguste, *Correspondance secrète entre Marie-Antoinette et le comte de Mercy-Argenteau, avec les lettres de Marie-Thérèse et de Marie-Antoinette*, 3 volumes, Mesnil-sur-l'Estrée, Firmin Didot, 1874.
Bertière, Simone, *Les Reines de France au temps des Bourbons. Marie-Antoinette l'insoumise*, Paris,

Éditions de Fallois, 2002.

Croÿ, Emmanuel, duc de, *Journal inédit (1718-1784)*, publié par le vicomte de Grouchy et Paul Cottin, 4 volumes, Paris, Flammarion, 1906-1907.

Delalex, Hélène, *Marie-Antoinette. La légèreté et la constance*, Paris, Perrin/Bibliothèque nationale de France, 2021.

—, « L'affaire du collier ou l'art délicat de la calomnie », in Jean- Christian Petitfils (dir.), *Les Énigmes de l'histoire de France*, Paris, Perrin, 2017.

—, *Un jour avec Marie-Antoinette*, Paris, Flammarion, 2015.

Lever, Évelyne, *Correspondance de Marie-Antoinette (1770-1793)*, Paris, Tallandier, 2005.

Ozouf, Mona, *Varennes. La mort de la royauté.21 juin 1791*, Paris, Gallimard, coll. « Les journées qui ont fait la France », 2005.

Petitfils, Jean-Christian, *Louis XVI*, Paris, Perrin, 2005, rééd. 2021.

Thomas, Chantal, *La Reine scélérate. Marie-Antoinette dans les pamphlets*, Paris, Seuil, 1989.

12 ヴィクトリア（一八一九～一九〇一年）
「二つの国民」の女王

エドモン・ジエムボウスキ

一九〇一年一月二二日、エリザベス二世に記録を抜かれるまでイギリス王室史上最長を誇った在位期間が終焉した。経済・社会面での、それ以上に文化・道徳面での特徴で歴史に語り継がれる一つの時代が幕を閉じた。ただし、「ヴィクトリア時代」はイギリス王室にとってきわめて重要な意味をもっていることを多くの人は忘れがちだ。ヴィクトリアという女性君主を戴いた――直近例は一世紀前のアン女王にさかのぼる[1]――イギリス王室は、数多くの逆風にさらされた。議会政治と民主主義思潮の定着、自分にも権限があたえられるべきだと強く主張する王配殿下の存在、君主制を廃して共和制に移行すべきだとする意見の台頭…。ヴィクトリアが最後のイギリスの君主となってもおかしくはなかった。だが、そうはならなかった。ヴィクトリアは自分の名前で呼ばれる一時代を築き、千年の歴史があるイギリスの君主制に新たなエネルギーを注入した。

イギリスの君主制の歴史は女性が主役と言えるのだろうか？　歴史に足跡を残した男性君主と言えば、チャールズ一世、ヘンリー八世をあげることができよう。それ以前の時代にさかのぼれば、リチャード三世、ヘンリー二世、ウィリアム征服王が突出している。しかし、よくよく考えてみると、こうした国王はだれひとりとして、後世からたいして尊敬されていない。忘れ去られた国王も多い。歴史研究者をのぞき、一七一四年から一八三〇年にかけてあいついで王位に就いた四人のジョージをだれが覚えているだろう？　一六八八年の名誉革命において果たした役割ゆえに「解放者」と綽名《あだな》されたオレンジ公ウィリアム三世（在位一六八九〜一七〇二）ですら、多くの人の記憶に残っているかは定かではない。二〇世紀に入ってからの、エドワードやジョージといった国王たちも君主として軽すぎる。

　時間の波に洗われて、事績も姿かたちも性格もぼやけてしまった以上の男性君主と比べると、女王となった二人の女性の存在感はきわだっている。王朝や君主の名前で区切られるイギリス史において、誰もが知っている偉大な時代——一般人よりも醒《さ》めた目を持つ歴史研究者ならば、「歳月をへて伝説となった時代」とよぶだろう——は二つしかない。エリザベス一世時代（一五五八〜一六〇三）[2]と、三世紀後のヴィクトリア時代である。

一人の女王、一つの世紀

一八三七年六月二〇日に始まり、一九〇一年一月二二日に終わった六三年と七カ月のヴィクトリア時代は、イギリスが前代未聞の変化を遂げた時代であった、ヴィクトリアはこうした変化の牽引役ではなかったが、象徴となった。彼女は駅馬車や帆船が鉄道や蒸気船におきかえられる過程に立ち会い、最晩年には初期の自動車や路面電車がロンドン市内を走るのも目にした。まずは写真が、やがて映画が彼女の姿をとらえて拡散した。電話と電蓄が奇跡を起こし、年齢のせいでかぼそくなった彼女の声を伝え、後世に残した。ヴィクトリアが即位したころ、貴族階級が支配し、農村人口が多かったイギリス社会はまだジョージ一世～二世の頃とさして変わらなかった。やがて、スピードをますばかりの都市化プロセスと一体となった中産階級と労働者階級の発展が、数世紀前から変わらなかった社会秩序を覆すことになる。イギリスの一七世紀が政治革命の世紀であったのに対して、ヴィクトリアの世紀は、政治革命とは比べ物にならぬほどの影響力が大きい革命の坩堝《るつぼ》であった。こうして多方面に及んだ革命は、基本的に政治体制をゆるがすものではなかったが、歴史ある君主制に時代への適応を迫った。

女王の図像の変遷は、ヴィクトリア時代の多様な側面と一九世紀の変容をみごとなまでに反映している。まずは、一八四〇年にジョージ・ハイター卿が描いた、戴冠式の礼服をまとったヴィクトリアの肖像画を見てみよう。一八世紀そのままの雰囲気をとどめている天蓋《てんがい》の下、ロココ時代様式の名残《なごり》が感じられる玉座に座り、小柄な体にはやや長すぎる王笏《おうしゃく》をエレガントににぎり、視線を遠くに投げかけているヴィクトリアは、ハノーヴァー朝のうら若くも立派な君主といった雰囲気だ。一八四六年に移るとしよう。フランツ・クサーヴァー・ヴィンターハルターが描いた有名な肖像画のヴィクトリアは、少し年齢を重ね、かたわらにはアルバート殿下とすでに生まれていた五人のこどもがいる。

重々しく、かしこまった画風のこの絵が伝えようとしているのは、王室の新たなイメージである。女王は華美とは無縁の黒っぽい服装で、横顔を見せ、後方で控え目に座っている。彼女よりも大きく描かれたアルバートの姿は、王配が母親となった妻――子だくさんの女王というイメージは固まり、後世に受け継がれる――に影響力をもつようになったことを示しているようだ。時計の針をさらに進めよう。写真の登場と発達により、隔世《かくせい》の感というものは以前よりうすらいだ。一八世紀は決定的に終わり、時代は近代へと移った。次々に撮られた写真を見れば、夫アルバートの死後、黒い喪服を脱ぐことがなくなったヴィクトリアが次第に体重をまし、顔に刻まれる加齢の痕もしだいに深まった過程を追うことができる。そして、ついには映画の時代となる。発明されて間もなかった動画は、最後のジュビリーの祭典に集まった群衆に馬車のなかから会釈する、肥満体でほぼ視力もなくなった大英帝国女王をとらえた。はかりしれない価値をもつこの動画は、その数十年前に風前の灯となった英国王室がめざましい復活をとげたことを雄弁に物語る。女性君主と国民との出会いが、君主制の変容を可能としたのだ。少し前までは特権階級の高みに立っていると思われていた王室がイギリス国民の象徴となった。王権はシンボルとなることで新たな運命を切り開いた。

ハノーヴァー家のプリンセスから女王へ

イギリスは以前より、王家に生まれたプリンセスを玉座からしめだす「サリカ」法とは無縁だったが、どちらを向いても男ばかりという政治の世界に一人の女が身をおくことは、自然への背反にひとしい。ましてや、それまでの一〇〇年間、王位につくのは男性ばかりだった、となれば。アメリカ大使夫人のセイラ・スティーヴンソン［夫のアンドルー・スティーヴンソンは一八三六～四一年、駐英米国大使をつとめた］は、同性を擁護するどころか、手きびしかった。彼女は、プリンセスの使命とは、君主となることではない、ましてや統治するなどとんでもないことだ、と述べた。

わたしに言わせると、女性がものごとをとり仕切ることは、神の摂理にもとづく秩序を壊している（…）男性は女性の上に立っている。聖書も説いているではないか。「教会がキリストに仕えるように、妻は夫に仕える」［エフェソの信徒への手紙第五章］と。

以上が、一八三七年に一八歳の若きプリンセスを待ち受けていた第一のおそろしい障害であった。第二の障害も同じように大きかった。一六八八年の名誉革命以、イギリスの君主制は制限をかけられていた。しかし、超えてはならない限度とはなんだろう？　慣習が制定された法律と同じくらいに重要な役割を演じているイギリスにおいては、究極のところ、すべてが君主の性格、政治哲学、意思に左右された。君主が政治とかかわる手法やスタイルのいずれかが数十年途切れずに継続すると慣習となる。そうなると、引き返すことはむずしくなる。

権威的な性格のウィリアム三世（一六八九～一七〇二）は、一六九八年に国王の権力を制限する権利章典を議会からつきつけられたが、国王の特権を死守した。ウィリアム三世の後継者となったアン女王（一七〇二～一七一四）はこれとは逆で、病弱なうえに政治の複雑な奥義にさほど関心をもてなかったので、臣下にかなりの裁量権を託した。首相が誕生したのもまさにアン女王の治世下であった。アン女王が亡くなってステュワート朝が断絶し、ステュワート家の血筋を引いているハノーファー家からジョージ一世を迎えてハノーヴァー朝[3]が始まると、君主が自主的に政治への介入をひかえる傾向はますます強くなった。ドイツ生まれで、イギリス政治の仕組みにうといジョージ一世（一七一四～一七二七）と息子のジョージ二世（一七二七～一七六〇）は、信頼をおいている人物の補佐を喜んで受け、内政をまかせ、外交と軍事のみで指揮権を行使した。しかしながら、王権の縮小を告げていたこのような統治手法に、一七六〇年に即位した三番目のハノーヴァー朝君主が待ったをかけた。イギリス生まれのジョージ三世（ヴィクトリアの祖父）は、王位継承法が認める国王大権をすべて行使して君臨しようとつとめた。このふるまいに、内政から一歩引いていた国王に半世紀前から慣れきっていた政界はとまどった。しかし、権威的な王政のめざめは短期間で終わる。革命期とそれに続くナポレオン時代のフランスに対する戦いにより、内閣の役割と首相の権威が固まった。一八二〇年、ジョージ三世が亡くなると、もう勝負はついたかと思われた。君主はその権力のほとんどを喪失していた。

しかし、ことはそう簡単ではなかった。ジョージ四世（一八二〇～一八三〇）、次のウィリアム四世（一八三〇～一八三七）は、自分たちの役割がヴェネツィア総督とならぶくらい引き下げされるのを傍観するほど達観《たっかん》していなかった。一八三四年、ウィリアム四世は、急進派に接近した首相メルバーン子爵（ウィリアム・ラム）を更迭し、トーリー党[4]のロバート・ピールを首相に任命した。しかし、これは失敗に終わった。一八三五年の総選挙でピールのトーリー党は多数派から転落した。ウィリアム四世はこの選挙結果に屈服するほかなく、メルバーンを首相に再任した。これにより、内閣は議会から信任されねばならない、という原則が確立した。次に王位につくヴィクトリアも、これを実際に体験することになる。

ヴィクトリアも、先代のウィリアム四世も、一八三二年に議会で可決された選挙制度改革法案が中長期的にどのような結果をもたらすのか理解していなかった。この一八三二年改革法は、欠陥がますます目につくようになってきたというのに、現実ばなれした庶民院選挙制度をずるずると引きずっていた「長い一八世紀」に終止符をうち、「腐敗選挙区（有権者数が極端に少ない選挙区）」を廃止し、浮いた議席を、これまで代表を選ぶことができなかった新興都市部にふりわけた。

一八世紀末からしばしば社会・政治制度の大転換を体験していたフランスの基準を当てはめると「手ぬるい改革」と思われるこの選挙制度改革はじつのところ、イギリス政治の根本からの変容の出発点であった。成人男性の二〇％に選挙権をあたえることで、この改革はヴィクトリア時代に成立する議会制民主主義への長い道のりの第一歩となった。[5]一八三二年改革法はとりあえず、イギリス政治にこれまでにない活力をもたらした。これまでの、同じ顔触れが再選されることがあたりまえだった状況が終わりとなった。こうして、自由党［旧ホイッグ］と保守党［旧トーリー］の二大政党による政権交代の礎《いしずえ》が築かれた。若いヴィクトリアが君主に即位したのは、これほど大きなものとなるとはだれもが予測していなかった政治改革が胎動している時だったのだ。

このイギリスに王室の居場所はまだ残っていたのだろうか？　模範的とはほど遠い私生活が悪評ふんぷんだった直近二人の君主［どちらもヴィクトリアの伯父］が長きにわたってかんばしくないイメージをひきずっていたため、[6]対照的に清新なイメージの女王の誕生は歓迎された。ヴィクトリアに詳しい歴史研究者の一人、モニカ・シャルロにいわせると、いずれの国でも新政権の支持率が当面は高いのと同じく、新君主は人気を集めるものだが、一八歳のヴィクトリアの支持率は疑いもなく高かった。だが、イギリスの歴史は、君主と国民の和解が脆弱であることを示していた。ヴィクトリア以前に国民からほんとうの意味で愛された君主を探そうとしたら、一六八九年から死去する一六九四年まで夫であるオレンジ公ウィリアム三世と共同統治したメアリー二世、そして突出した人気を誇るエリザベス二世までさかのぼらねばならない。二人とも女性であるのは偶然だろうか?

一八三八年六月二八日の戴冠式の一日は、ヴィクトリアが二人の先輩女王にならぶ人気を獲得することを予感させた。本人が述懐《じゅっかい》するところによると、ウェストミンスター寺院へと向かったヴィクトリアは群集から歓呼の声で迎えられて大きな誇りを覚えた。これまでバッキンガム宮殿の主に対して、非礼を働いたりしないものの、無関心であった国民と王室の融和を予感させる幸先《さいさき》の良いスタートだと思われた。

だが、これは「思われた」だけだった。女王となったヴィクトリアは、どれほどささいなスキャンダルでも王室の威信をきずつきかねない、と気づいた。さっそく、彼女はスキャンダルにさらされた。ヴィクトリアの母(ケント公の未亡人)に執事として重用されていたジョン・コンロイと関係をもった、その結果としてコンロイのこどもを妊娠した、とささやかれたレディ・フローラ・ヘイスティングズ[「ヴィクトリアの母に侍女として仕えていた貴族」]——肝臓癌をわずらっていたと思われる——が一八三九年七月五日に死去した。すると、コンロイは、故人は言語道断な誹謗中傷キャンペーンの犠牲者であったと騒ぎだし、ロンドンの世論もこれに同調した。ヴィクトリアも、とばっちりを受けた。

レディ・フローラの「ふしだらな男女関係」にかんする噂がひろまっていたころ、ヴィクトリアがこれを否定しようとしなかったことはほんとうだ［ヴィクトリアは、母親のもとで暮らしていたころにジョン・コンロイが自分をコントロール下におこうとしたことを不快に思い、けぎらいしていた。コンロイの味方だったレディ・ヘイスティングズもヴィクトリアの不興をかっていた］。ついこの間までは国民の人気が高かった女王は、やじられ、さまざまな綽名《あだな》でよばれるようになった。なかでもロンドンっ子のお気に入りの綽名は「ミセス・メルバーン」であった。

この綽名は、ヴィクトリアと首相メルバーンとの関係をあてこするものだった。ヴィクトリアは、一八世紀の典雅な貴族の雰囲気をそのまま残しているこのリベラルな老首相と一緒にいると安心できた。若い女王にとって、メルバーンは頼りがいのある首相であった。祖父のジョージ三世がビュート伯爵ジョン・ステュアートを首相として重用したように。それもそのはず、ヴィクトリアと祖父には共通点が多くあり、なかでも、ファナティックなほど頑迷なところが似ていた。ヴィクトリアが即位後ただちに「ミセス・メルバーン」とよばれるようになったのは、経験のない女王のメンター役を引き受けたメルバーン首相に魅了されたヴィクトリアが、「自分の判断は絶対に正しい」と確信し、「どのような逆風が吹こうとメルバーンを自分のかたわらに置く」、と決めたからだ。メルバーンが属する自由党が多数派から転落しても？　憲法にのっとるならば、君主は議会の多数派を尊重せねばならない。頑固なヴィクトリアは憲法を無視しようとした…

歴史の不思議なめぐりあわせで、頑固者（視野狭窄、という人もあろう）だったジョージ三世の時代に観察されたのと同じことが一八三九年に起きた。すべては、フローラ・ヘイスティングズ事件が騒がれている最中《さいちゅう》の五月七日に始まった。議会で窮地に立たされたメルバーンは辞表を提出した。ヴィクトリアは周章狼狽《しゅうしょうろうばい》した。彼女は日記に次のように記した。

すべてが、私の幸福のすべてが失われた！　あの幸せで穏やかな日々がそこなわれた。

甘やかされたこどもの気まぐれが透けて見えるこの日の記述からは、制度的な決まりにしばられないぞ、という思いが伝わってくる。多数派となった保守党のリーダー、ロバート・ピール卿がメルバーンの後継者となるのが筋であった。だが、ヴィクトリアにとってこれは受け入れがたかった。もう一つの出来事でヴィクトリアはさらにつむじをまげることになる。しぶしぶピールを首相に任命したヴィクトリアは、女王寝室付き女官たちを罷免するよう新首相から求められた。彼女たちは全員、自由党の有力議員の妻であった。今や保守党が議会を制しているのだから、保守党の有力議員の妻たちが女王寝室付き女官に就任するのが筋であった。ヴィクトリアに相談されたメルバーンは、慣習に従って受け入れるべきだ、と忠告した。だが、ヴィクトリアは今回ばかりはメンターにも耳を貸さないことにした。若い女王のピールに対する返答はとりつくしまもないものだった。

女王たる者は、彼女にとって耐えがたい措置を受け入れることはできない。

この拒絶にピールは動揺したものと思われる。彼は、自分がこれからも議会で多数派を維持できるのか自信がなくなり、首相の大役を拝辞した。その結果、寵愛するメルバーンが首相の座に返り咲き、ヴィクトリアは大満足した。

二年後の一八四一年八月、庶民院議会選挙で保守党が勝利し、メルバーンは辞任して首相の座をロバート・ピールにゆずることになった。今回は、ヴィクトリアも受け入れざるをえなかった。だが、妥協もそこまでで、慣習に反して、書簡のやりとりを通じてメルバーンの意見をたずねることを止めようとしなかった。

遺伝はかくも強いものなのだろうか？　前述したように、メルバーンを手放そうとしなかったヴィクトリアは、ビュート伯爵ジョン・ステュアートを首相として重用した祖父ジョージ三世の手法をそっくりそのまま再現している。約四〇年の隔《へだ》たりをもって、君主が多くの美点をそなえた人物に盲目的な信頼を寄せる事態がふたたび出現したのだ。政治の理《ことわり》や、制度と一体になった規則に従うことを断固拒否するという、より深刻な事態もふたたび起きてしまった。その結果、ジョージ三世時代と同じく、多くの噂が流れた。前首相メルバーンが「非公式に影響力」を発揮している、とささやかれ、ピール首相はメルバーンとヴィクトリア女王に踊らされているマリオネットにすぎない、とさえいわれた。良《よ》きにつけ悪《あ》しきにつけ、ヴィクトリアの血管にはハノーヴァー家の濃い血が流れていたことにまちがいはない。

アルバート＝ヴィクトリア時代という幻想

ヴィクトリアはハノーヴァー家を名のる最後の君主であった。彼女の死後、王家はサクス＝コバーグ・アンド・ゴータと改名される。その後、第一次世界大戦による反独感情の高まりを考慮して、ヴィクトリアの孫、ジョージ五世は一九一七年、まことにイギリス的な名称、ウィンザーを家名とすることを決め、一七一四年にさかのぼるドイツとの長い絆をたった。

一八一〇年二月一〇日のヴィクトリアとザクセン＝コーブルク＝ゴータ公子アルブレヒト［英語名はアルバート・オヴ・サクス＝コバーグ＝ゴータ］（一八一九〜一八六一）の結婚は、ハノーヴァー朝とそのルーツであるドイツとの密接な絆を語る最後のエピソードである。ハンサムなアルバートにヴィクトリアは一目ぼれしたが、イギリス国民は若い王配をさほど歓迎しなかった。国民のあいだに以前から反独感情がくすぶっていることは秘密でも何でもなかった。しかし、若い二人はそんなことに頓着《とんちゃく》せず、仲睦《なかむつ》まじい夫婦となった。ヴィクトリアは早々に妊娠し、その後も次々にこどもが生まれた。一八四〇年と一八四一年に生まれたヴィクトリア（愛称はヴィッキー）とアルバート・エドワード（バーティー）に続き、あわせて七人の弟や妹が生まれた。結婚と多くの出産がヴィクトリアにあたえた影響はほどなくして表面化する。彼女の君主としての権限は諸制度の変化によってせばまる一方だったものの、アルバートと結婚するまでのヴィクトリアは一人で政務をこなしていた。首相や内閣のメンバーを定期的に引見し、国の舵とりの方向性について意見を述べるのは彼女一人の任務だった。彼女一人が、ヨーロッパ諸国の王室や皇室と手紙をやり取りし、さらには自分の考えとは合わない政策に疑念を表明していた。一八四〇年以降、こうした君臨手法が、イギリス史において前代未聞のスタイルにおきかえられる。

アルバートは、妻であるメアリー女王と共同統治することが認められたオレンジ公ウィリアム三世のような立場にあったわけでも、アン女王の夫でデンマーク王家出身のジョージ・オヴ・デンマークのように海軍司令官として重責をになったわけでもない。一八五七年にPrince Consort（王配）の肩書が認められるまで、His Royal Highness（殿下）という敬称で満足するほかなかったアルバートは、君主制の権力機構のなかで明白な立ち位置をもっていなかった。しかしアルバートは確固たる信念をもって、自分の存在価値を証明しようとつとめた。世界一の強国に君臨する女性の夫という肩書では公的な役割は何一つまかせてもらえなかったが、アルバートは自分が妻よりもすぐれていることを少しも疑わなかった。彼は、ワーテルローでナポレオンを打ち負かした国民的英雄、ウェリントン公爵に、「（ヴィクトリア女王の）内廷管理の統括者、彼女にとって唯一の口の堅い政治顧問、閣僚たちと彼女の関係における唯一のアシスタント、彼女の私設秘書、彼女の恒久的な大臣」になりたい、という意図を打ち明けている。それだけでなく、アルバートは妻の公私にわたるふるまいに問題点があると思い、矯正しようとした。「彼自身を手本として（妻を）陶冶《とうや》しよう」と考えたのだ。自分にも他人にも厳しい規律を求め、堅苦しいまでに生真面目なアルバートは、いわゆる「ヴィクトリアニズム」とよばれる禁欲的な価値観の構築に主体的に関与したのだ。ゆえに、「ヴィクトリアニズム」という名称は誤りだといえる。

一八四六年、ウィンターハルターが女王一家の絵を描いたとき、アルバートによる政治面および道徳面でのヴィクトリア再教育は完了していた。即位後の三年間を国家指導者として過ごしていたヴィクトリアは、何度も続いた妊娠・出産のために公務からたびたび離れることを余儀なくされた。その間にあらゆる方面（宮廷の組織と財務、政界人との定期的な打ち合わせ、欧州各国指導者との関係）に容喙《ようかい》することに成功した夫アルバートは、妻を監督下におくようになっていた。ヘンリー八世以来、ひさしぶりにフランスの土を踏むイギリス君主としてヴィクトリアがフランスを公式訪問したときに、アルバートは堂々と同行することになる。一八四三年九月、ヴィクトリアとアルバートは、フランス国王ではなく「フランス国民の王」と称していたルイ＝フィリップ（在位一八三〇〜一八四八）の歓迎を受けた。二人は次に、どちらにとっても叔父であるベルギー国王、レオポルド一世（一八三一〜一八六五）のもとを訪れた（ヴィクトリアの母親とアルバートの父親にとってレオポルドは弟であり、ヴィクトリアにとってアルバートは従兄である）。

ここで、レオポルド一世にふれる必要があるだろう。ベルギー国王としての彼の実績は、ヨーロッパの君主制は自由と平等の原理原則が浸透するにつれて衰退に向かうのが必至《ひっし》、という考えを否定するものだった。自身にゆだねられた権限から逸脱することを自戒しつつも、レオポルドは王としての権威にこだわりをもっていた。同時に、ベルギーの経済、社会、文化の変容を推進することにつとめた。姪と甥であるヴィクトリアとアルバートにとって、彼がある種の手本であったことはまちがいない。アルバートがイギリスの近代化の旗ふり役になろうと意欲をもやしたのも、その証拠である。一八五一年の万国博覧会の成功は、アルバートの尽力ぬきではありえなかった。アルバートが外交に一家言をもっていて、影響力を行使しようとしたのも、やはり叔父レオポルドの影響だろう。ウォルター・バジョット［イギリスのジャーナリスト、思想家、経済学者］[7]は、有名な著作『イギリス憲政論』（一八六七）のなかで、アルバートについて次のように断言している。

彼は立憲君主にふさわしい、稀有な資質の持ち主だった。もしあと二〇年長生きしたとしたら、ヨーロッパにおいてレオポルド国王とならぶ名声を勝ちえたことだろう。

制度的、党派的もしくは個人的な障害をかいくぐり、アルバートとヴィクトリアは、男性優位の二頭政治をめざし、権力のカードを切りなおしていたのだろうか？　この疑問への答は出ないままに終わる。一八六一年一二月一四日、少し前から体調不良であったアルバートは病床につくと短期間で死去した。ヴィクトリア時代は重要な転機を迎えた。

「偽装した共和国」に君臨する黒衣の婦人

一八六四年、バッキンガム宮殿の鉄柵に何者かが次のように書かれた売り出し案内を貼りつけた。「この壮大な建物は、最後の住人の活動が低下したために売り出し中である」。挑発的で苦々しい文言《もんごん》は、王配の死後の女王のふるまいに国民がいだく思いを反映していた。ヴィクトリアが寡婦となってからの約一〇年は伝説となっている。喪服を脱ごうとしない女王は、アルバートの死を思い出させるバッキンガム宮殿をきらい、ウィンザー城やワイト島の離宮オズボーン・ハウス、もしくはスコットランドのバルモラル城でほとんどの時間をすごしていた。年月がたつにつれて王権機構の重要なプレイヤーとなった最愛の男性。その死から立ちなおれない女王が譲位したかのように見える一〇年間であった。

数世紀の歴史がある伝統に反して、ロンドンを離れた女王は議会の新会期を宣言することもやめてしまった。バジョットはこれについて、「貴族議会と庶民議会と同様に」権威を付与されている「王国の政体」であることを女王は停止した、と述べているが、正しい指摘である。とはいえ、ヴィクトリアは自分のつとめを完全に放棄したわけではなかった。未亡人となってからの長い年月において、彼女は大臣たちを引見していたし、欧州の国家元首たちとの書簡のやりとりも続けていた。こうしたヨーロッパ大陸との絆は、こどもたちが結婚するにつれて強まった。長女ヴィッキーは一八五八年にプロイセンの王太子フリードリヒ［のちのドイツ皇帝フリードリヒ三世］と結婚していたし、次女のアリスは一八六二年にヘッセン大公子ルートヴィヒの妻となった。一八六三年、ヴィクトリアの長男で王太子のアルバート・エドワード（愛称バーティー）がデンマーク王女のアレクサンドラと結婚した。こうした結婚から孫が次々と生まれると、ヴィクトリアはしだいに「ヨーロッパの祖母」とよばれるにふさわしい存在となっていった。

ここでまたしてもバジョットに登場してもらわねばならない。彼は、歴史の書物にたえず引用されるようになる表現でイギリスの君主の在り方を結論づけている。

君主は（…）、見解を求められる、奨励する、警告をあたえる、という三つの権利を享受する。すぐれた分析能力をもつバジョットの目には、永遠の喪に服した女王の表舞台からの退場は譲位を意味しなかったことは確かだ。それどころか、君主によるこうしたひかえめな、そしてある意味で間接的な権力の行使は、まことに喜ばしい統治体制を生み出した、とバジョットはみなしていた。ただし、バジョットも一つの疑いにとらわれた。イギリスはまだ君主制を保っている、といえるのだろうか？

（ここイギリスでも）君主制の付属物は共和国の真髄へと変化した。だが、「他国と比べて」この国には政治的に異質な人々が数多く存在するため、見かけ上は過去を踏襲しつつ、新たな現実をひそやかに挿入することが必要である。

「新たな現実」を、バジョットは次のようにすっぱりと断じている。

イギリスは偽装した共和国である。

バッキンガム宮殿の鉄柵に張り出された売り出し案内を、無意味な諧謔《かいぎゃく》ととらえるのは誤りである。これは、「有用性だけでなく尊厳を失ったことがだれの目にも明らかな君主制を、なぜ維持することにこだわるのだろう？」と訝《いぶか》るイギリス国民の本音の表明であった。かつてはメルバーンへの依存を揶揄《やゆ》されたヴィクトリアは今や、スコットランド出身の召使、ジョン・ブラウンとの親密な関係を噂され、嘲笑の的となっていた。女王のかたわらにはつねにブラウンが控えていたことが、ありとあらゆる噂を生んだ。週刊の風刺漫画雑誌「パンチ」を筆頭に、見かけは喪服を脱ごうとしない貞淑な未亡人であるが、涙も乾かぬ間に下層階級出身の男を愛人としている、と女王を嘲笑《あざわら》う風潮がひろまった。一八六六年七月、パンチは王室ニュースの辛辣《しんらつ》なパロディを掲載した。

ジョン・ブラウン氏は高台を散歩された。次にハギスを召しあがった。晩方、ジョン・ブラウン氏はバグパイクの響きを鑑賞された。その後、ジョン・ブラウン氏は早めの時間に私室にこもられた。［高台を意味するハイランドは、スコットランドの一地方の名前でもある。ハギスはスコットランドの名物料理。バグパイプはスコットランドを代表する楽器］

半透明になってしまったかのようにヴィクトリア女王の存在感が薄れたまま約一〇年がたった一八七〇年、フランスにおけるナポレオン三世の第二帝政の瓦解と第三共和国の成立は、イギリスにおける反君主制の感情を刺激する強力な触媒となった。戦闘的な自由思想家であったチャールズ・ブラッドローの考えに同調して、君主制を共和制におきかえることを目ざす共和主義クラブがいくつか誕生した。やがて共和主義クラブはイギリス全土に広まり、一八七三年五月には共和主義会議がバーミンガムで開催されるまでにいたった。この共和主義運動の主張は明快そのものだった。合理的で、効率がよく、経費を抑えることができる共和制が、無能な君主、閑職をえてのうのうと暮らしている者たち、怠惰な貴族たちからなる腐敗した制度におきかわれば、良いことづくめだ、というものだ。イギリスがバジョットがいうところの「偽装した共和国」であるなら、さっさと仮面をとるべきだ！

美しい小説、国民の女王

一八四五年に、『シビル、または二つの国民』という小説が出版された。著者のベンジャミン・ディズレーリは保守党政治家〔庶民議会議員〕であったが、ユダヤ系で庶民階級の出身であったために政界で異彩を放っていた。『シビル』においてディズレーリは、互いを知らない二つの「国民」――権力をもつ国民と、著者が「奴隷」とよぶところの大多数の国民――に分断されているイギリス社会をきびしく批判した。ディズレーリはやがて近代保守主義の父となるが、『シビル』にはマルクスやエンゲルスが書いたといっても通じるページが含まれ、上流の国民が下流の国民を無視すればおそろしい未来が到来する、というきびしい警告となっている。

一八七二年四月、同じディズレーリはマンチェスターのフリートレードホールで演説をおこなった。一八六八年に首相に就任したものの、選挙で保守党が敗退したために約九か月後にライバルのグラッドストン（自由党）に首相の座を明け渡したディズレーリはこのころまでに、ヴィクトリアの全面的な信頼を勝ちえていた。女王にとってディズレーリは、メルバーンの再来であった。マンチェスターにおけるディズレーリの演説は、イギリス国内の共和主義の台頭に対抗するための処方箋であった。

紳士諸君、イギリスにおける君主制の影響力はつねに大きいものであるべきです（…）イギリスのような国は心と理性の二つをもっています。国内に対立がある時、危機に襲われているとき（…）、国民の敬愛の対象となる制度的存在がわが国にそなわっていることはたいへんに意味深い。

ディズレーリは、不可逆的な民主化の流れと共和主義の台頭をふまえ、みごとなほどに高いが危険な壁にへだてられている二つの国民の融和をはかるためには、王室がイメージを変えることが必須である、と理解した。一八七四年、捲土重来《けんどちょうらい》でふたたび首相の座を射止めたディズレーリは、以前にもまして女王の信頼と友情を勝ちえていた。当時のイギリスは、植民地大国として繁栄の頂点に達していた。イギリスの帝国主義のシンボルはまちがいなくインドであった。二世紀のあいだ東インド会社の管轄下にあったインドは一八五八年より、女王陛下の、すなわちイギリス政府の直接統治下におかれていた。ディズレーリは、君主制救済の鍵はインドである、と確信していた。

一八七六年、ディズレーリ首相は自分がきわめて重要と考える措置を議会に提案することにした。首相と見解を全面的に共有していたヴィクトリアはこれを機に、長く続いた議会開会式への欠席に終止符をうち、貴族院と庶民院で政府の法案を自身で提案した。ヴィクトリアをインド女帝として即位させるための法案だった。

グラッドスンを党首とする野党の自由党は苦い顔をしたし、外国、とくにフランスはグロテスクな措置だとして嘲笑《あざわら》ったが、これは妙手であった。インド女帝という新たな肩書が、これ見よがしで仰々《ぎょうぎょう》しいのは確かだ。しかし、大仰《おおぎょう》である点こそが、大衆の目には魅力的にうつった。ヨーロッパ一、いや世界一の強国の君主であるヴィクトリアは、女帝の肩書をえることで、ロシア帝国、ドイツ帝国、オーストリア＝ハンガリー帝国の君主と肩をならべることができる。これにイギリス国民の虚栄心はくすぐられた。おりもおり、国民のあいだでは、極端なナショナリズムであるジンゴイズム[8]がめばえていた。帝国の君主となった女王を、植民地拡張計画の堂々たる旗頭《はたがしら》とすることで、ディズレーリはヴィクトリアのイメージを一変させた。スペインの無敵艦隊をしりぞけたエリザベス一世以降、欠けていた存在に変身させたのだ。生ける伝説に。世界でもっとも愛国心に富んでいる、と自負してはばからない国民から敬愛される母に。

下り坂だった君主制は息を吹き返した。ついこの前まで共和制に傾いていた世論はとまどっていたが、やがてこの新装あいなった王室の魅力に降参した。変容は肩書の変更にとどまらなかった。ディズレーリはバジョットの指摘を深く心にとめたものと思われる。バジョットは一八六七年、君主制が新たな時代を迎える、とすでに予感していた。スペクタクルの時代である。彼は次のように記した。

　卑小な人生の奥底まで国家主権の誇りを届ける、という意味で、王室はいまだに有用である。王太子の結婚に示したイギリス国民の熱狂は、一見したところじつに幼稚である。（…）シニカルな少数者をのぞいてだれもが、深刻な人生の無味乾燥な場面に、一瞬であれ、美しい小説の魅力が混じるのを眺めるのが好きなのだ。［『イギリス憲政論』］

美しい小説。歴史の流れに一掃されないため、王室は高慢で冷たい外見を捨て去らねばならなかった。一九世紀の最後の二〇年間において、女王と国民の絆は結びなおされた。王室の煌《きら》びやかな面と人間的な面を強調するために、事こまかに調整された演出にもとづく君主制のスペクタクルが必須となった。国民の目からは遠ざけられていたために、無様《ぶざま》なシーンが多かったが問題とされなかったヴィクトリアの戴冠式はもはや遠い思い出となった[9]。一八九七年のダイヤモンドジュビリーは軍事作戦のように綿密に準備され、新生ヴィクトリア――国民の女王――を作り上げるプロセスの終着点となった。女王の図像や言動は、大発展をとげていた大衆向け新聞雑誌や、登場したばかりのニュース映画によって王国のすみずみまで伝播《でんぱ》された。ヴィクトリア女王の顔は、版画や写真に写しとられただけでなく、さまざまな製品（メダル、紅茶茶碗、ティーポット、皿、クッション等）に描かれ、その数はたいへんなものとなった。

一八三七年、ヴィクトリアは政治・社会のエリートに限定された少数の国民の女王であった。もう一つの国民にとって彼女は遠い存在であり、反感をいだかれないだけでもましであった。一九〇一年、二つの国民は一つになってヴィクトリアの死をいたんだ。これこそがヴィクトリアの奇跡であり、そこからヴィクトリア伝説が始まった。この伝説は、さらなる伝説を生みだすことになる。ヴィクトリア女王が残した刻印がくっきりと読みとれるエリザベス二世時代が示すように。

◆原注

1　イギリスにおいて、ヴィクトリア以前の直近の女性君主はアン女王（在位一七〇二〜一七一四）である。

2　ソフィー・ブルケが執筆した「6　テューダー朝エリザベス一世」を参照のこと。

3　カトリック教徒が王位につくことを禁じる王位継承法（一七〇一）により、ルター教徒のハノーファー選定侯ゲオルク・ルートヴィヒが、ステュアート朝最後のプロテスタント君主であるアン女王の後継者としてグレートブリテン王国の国王となった。

4　一七世紀末に登場したホイッグ党は議会の特権を守ろうとしたが、トーリー党は国王の特権を擁護していた。一九世紀、ホイッグ党は穏健な改革主義を主張する自由党となった。トーリー党は保守党と改名する。

5　一八六七年と一八四四年の改革により、成人男性の六〇％が有権者となる。しかしながら、成人男女の全員に選挙権が認められるには一九二八年まで待たねばならなかった。

6　王太子時代の放蕩ぶりで有名だったジョージ四世は、自分の戴冠式に妻のキャロライン・オヴ・ブランズウィック［夫婦仲が悪く、二人は以前より別居しており、それぞれが愛人をもっていた］が出席することをこばんで大スキャンダルを巻き起こした。弟のウィリアム四世も模範的とはほど遠い生活を送った。女優のジョーダンを愛人とし、彼女との間に一〇人の庶子をもうけ、風刺作家や戯画作家から揶揄された。

7　ウォルーター・バジョット（一八二六〜一八七七）は、経済学者、思想家であるが、ジャーナリストとして名高く、彼が執筆するエコノミスト紙の論説は大きな影響力をもっていた。政治学の古典となる著書『イギリス憲政論』は、イギリスの議会政治と君主の関係について、「政府や議会が機能的な部分をになうのに対して、君主は国の尊厳を象徴している」と説く。

8　一八七〇年代の終わりに登場した、熱狂的なナショナリズムの一種。リフレーンがby Jingo（バイ・ジンゴ、強気《つよき》で）で始まる、愛国的かつ戦闘的な歌が、パブで盛んに歌われたことにちなむ呼称。

9　聖職者たちのしくじりが目立ち、とくに戴冠式の合唱のできが悪かった。カンタベリー大主教もいくつかの失策をおかした。たとえば、小指用に作られた指輪をヴィクトリアの薬指にとおそうと躍起《やっき》になった。また、列席者たちは礼儀を欠き、式の初めから終わりまで、おしゃべりが絶えなかった。

＊参考文献

Cannadine, David N., « The last Hanoverian sovereign ? The Victorian monarchy in historical perspective, 1688-1988 », in A. L. Beier, D. N. Cannadine, J. M. Rosenheim (dir.), *The First Modern Society. Essays in English History in Honour of Lawrence Stone*, Cambridge, Cambridge University Press, 1989.

—, « The context, performance and meaning of ritual: The British monarchy and the "Invention of Tradition", c. 1820-1977 », in E. Hobsbawm, T. Ranger (dir.), *The Invention of Tradition*, Cambridge, Cambridge University Press, 2008.

Charlot, Monica, *Victoria. Le pouvoir partagé*, Paris, Flammarion, 1989.

Langlade, Jacques de, *Disraeli, le fou de la reine Victoria*, Paris, Perrin, 1996.

—, La Reine Victoria, Paris, Perrin, 2009.

Williams, Richard, *The Contentious Crown. Public Discussion of the British Monarchy in the Reign of*

Queen Victoria, Farnham, Ashgate, 1997.

13 西太后（一八三五〜一九〇八年）
ミステリアスな皇后

ヴァレリー・ニケ

後宮第六位[1]の地位から四億人の民の上に君臨する皇妃・皇后の地位に昇進した西太后[2]。彼女はまれにみる疫病神とされ、長い間、清王朝（一六四四―一九一二）のすべてのいきすぎと弱点を象徴する人物、とみなされてきた。彼女は、女性であるというだけで偏見にさらされていた。女性蔑視が根深い当時の中国社会では、女性はいかなる力ももっておらず、儒教の掟により、父親に夫に、はたまた息子たちに全面的に服従しなければならなかったからだ。マリー・アントワネットがアンシャン・レジームの悪の象徴とされたように、清に敵愾心をいだく漢人官僚たちは、すべての悪の根源のごとく西太后を非難した。専制君主であった彼女こそが、中国の弱体化と王朝崩壊の主犯者である、という見方が広まった。しかし、彼女は二人ものふがいない皇帝——息子の同治帝と甥の光緒帝——の代わりに統治を引き受けたのであって、本来ならとっくに終焉したはずの清が何年か生き延びたのは彼女のおかげだ、と考える者もいる。彼女は救い主だったのか、それとも破壊者だったのか。

側室から皇太后へ

長い間、西太后は中国——より正確には、大清帝国——を、カーテン［簾《すだれ》］の裏から、男性の面会人のだれからも見られない形で統治した［垂簾聴政］。彼女は後宮で暮した。それは紫禁城の北の部分にあり、女性と宦官だけが立ち入ることを許された区画だ。彼女は、権力の頂点にあってもそこを出られなかった。

生涯の最後の方になって初めて、外国人外交官夫人の拝謁を許し、写真に撮られることを受け入れた。国際社会に肯定的なイメージを発信するためだった。

そうした写真は、驚くべきエキゾティックな皇太后の神話を作りあげた。固い表情、月のように丸く真っ白な顔、黒いビー玉のような瞳が光る鋭い眼差し、絢爛豪華で複雑な髪型、満州風刺繍が施されたどっしりとした着物、一風変わった、とても長い鉤爪を保護するために、翡翠か貴石をあしらった金製の鞘をつけた長い指。以上は、漢人や満州人のエリート階級の習慣に従ったものだ。

西太后は遠く離れた地方ではほとんど知られておらず、一般の人々にとってはシンボル的存在にすぎなかった。そもそも、皇帝が即位するときにも、皇后や皇太后の名前が発表されることは一切なかった。

外国人、中国人を問わず、すべての人たちにとって西太后は、その実態が曖昧でファジーな、一種のアイドルであった。同時代の中国を舞台としたヴィクトール・セガレン作の小説『ルネ・レイス』はまさに、とらえどころのない存在として西太后を描ききっている。

しかし、不自然に固い姿勢と、真意が読みとれない眼差しの裏に隠れた女性は、どのようにして権力の頂点に上り詰めることができたのか？

清朝のすべての皇后や後宮の女性と同様に、西太后は満州人だった。一八三五年一一月二九日に、紫禁城の赤い壁の近くのタタール街[3]の通りにある小貴族の家庭に生を受けた。

父親は王朝に仕える役人だった。[4]西太后は三男二女の五人兄弟の一番年上の子どもで、このことが彼女の性格形成――幼いころから、既に意志強固だったらしい――に影響したのであろう。

近い関係にあるモンゴル族と同じく、満州族[5]も遊牧民の一部族だ。彼らは先史以来、中国王朝にプレッシャーをかけてきた。清は一七世紀の農民の反乱に乗じて明王朝を滅ぼして権力を奪った後、文化的には中国に同化した。だがエリートは厳然と漢民族[6]と距離をおいていた。こうして北京では、紫禁城周辺の満州族の街は、南にある漢民族の街とは切り離されていた。もちろん漢族は最高位の官職から遠ざけられた。

西太后はこの禁則を破り、改革に意欲的な漢民族の高官を抜擢し、彼らを清帝国の南部諸省のトップに任命した。このことは満州族貴族の目には誤りとうつった。満州族はまた、独自の風習を守っていた。なかでも特徴的なのが、中国で一〇世紀から審美的理由で普及していた纏足の拒否である。ゆえに、身長は一五〇センチにもとどかなかったと思われる西太后は満州族の女性のつねとして、高底鞋という厚底の刺繍をほどこした靴をはいていた。［底の高さは一二センチと厚かった。］従って、上流階級の中国人女性とは異なり、彼女は自由に歩くことができた。

一方、清帝国では、皇統の血筋は漢民族の血筋と混じりあってはならず、満州族やモンゴル族は女児の誕生を届けでることを義務づけられていた。早々に、後宮の女性や、皇子の結婚相手、皇妃・皇后の候補者リストに登録されるのだ。

特別なプロセス――数か月にも及ぶ――をへて候補に選ばれなかった子女は里に帰り、結婚する。一八五〇年、那拉（ナラ）族の若い娘――生まれた時の名前は不明である――が一五歳の若さで、その他大勢の中に混じって、後宮の女性の選定・選挙儀式にゆだねられるため紫禁城に連れて行かれた。そして、一八五〇年に父親の後を継いだ若い咸豊帝の後宮に一八五二年に入り、第六位の側室となった。当時、彼女にあたえられた徽号は蘭であった。やがて息子が生まれると、懿皇妃と呼ばれるようになる。その後、息子が帝位につくと、西太后と呼ばれる。彼女の呼称は、出世するたび変更となったのだ。

女性の領域である後宮は、数多くの建物がならぶ迷宮であり、それぞれの建物の造りは、側室のランクに応じ、綿密な規則で決められていた。皇妃は後宮に君臨し、規律の維持につとめた。毎日、一人の側室が皇帝に召され、宦官によって準備されて夜伽《よとぎ》をした。食事、刺繍、音楽のほかにやることもない――多分、女同士の喧嘩もあったことだろう――単調な日々がすぎていた。一八五六年、将来の西太后は後宮の女性のヒエラルキーにおいて大いなる飛躍をとげた。皇帝になりえる息子を出産したのだ。この小さな皇嗣（後に同治帝）は、咸豊帝の第一後継者（夭折《ようせつ》せずに生き残るのは彼一人）であった。彼の母は懿貴妃となった。このようにして改名し、貞皇后に次ぐ第二ランクに昇格した。しかし、表向きには、同治帝の母親とされたのは貞皇后だった。階級特進にかかわらず、当時の西太后はいかなる権力も影響力も手にしていなかった。くわえて、彼女の教養は薄っぺらであった。中国語を話せたが、ほとんど書けなかった。宮廷外ではすたれる一方だった満州語の知識もとぼしかった。皇帝とは音楽と京劇の趣味を共有していたが、皇帝に影響をあたえる立場にはなかった。

すべてが変えたのが、一八六一年、病弱で鬱《うつ》気味だと言われている咸豊帝の病死だ。一八六〇年に夏の離宮（円明園）を破壊した英仏軍の攻撃を逃れるため、家族とともに避難した満州の熱河において崩御した。強い性格、他人から指図されない立場になりたいとの思い（この思いがあったのは確かだ）、政務への関心（これがあったのも明白だ）、好機をとらえる先天的なセンス（彼女を悪くいう者にいわせれば、陰謀のセンスである）がないまぜとなった動機に突き動かされ、彼女は権力を手に入れる事を決意する。そして皇后と皇帝の異母兄弟である恭親王の支持をえて、一一月二日、クーデターを成功させる。二人の協力のお陰で、自分の最期が近いと分かっていた咸豊帝が亡くなる前に任命した八人の摂政を追い出すことに成功した。第一次アヘン戦争[6]（一八三九―一八四二）以降に清帝国が苦境におちいったのはこれらの摂政のせいだ、と多くの者が見なしていたことが、彼女にとって有利に働いた。即位した幼い同治帝[7]（皇后と生母である西太后は、この時から母親の地位を共有する）臨席のもと、八人の摂政は不適切なおこないを糾弾され、三人の摂政は即、死刑を宣告された。おのおの二六歳と二五歳の懿貴妃と貞皇后は、亡き皇帝の永遠の未亡人として宮殿の奥に閉じこめられ、無聊《ぶりょう》をかこつ生涯を送ることをよしとしなかったのだろう。ましてや、古代の皇妃や後宮の女性たちのように殉死するなんてとんでもない[8]。そこで、二人は皇太后となった。一七世紀の康熙帝が幼かった時代に、祖母が孝荘文皇太后を名乗り、事実上の摂政となった先例を持ち出して、このタイトルを獲得した。

一八六一年、二人の女性は、姉妹のように二人だけで国を治め、東太后と西太后と名のった。元側室の西太后が権力をにぎっていた歳月のうちでもっとも興味深い時期は、まちがいなくこの両頭政治時代であった。二人の皇太后の資格と行動は相互補完的であり、西太后は、正式な皇太后であり唯一彼女が遠慮している東太后の支持を必要としていた。どちらの女性も、幼い皇帝から賜った、ということになっている官印を所持し、屏風の陰から国を動かした。二人が出した最初の政令は、この二人だけが「干渉されることなく」決定を下す、と規定しつつ、二人には公式に統治する意志などない、と断わっている。彼女たちが勅令を発布するのはあくまでも「君臨している」若い皇帝同治帝の名においてである、というのが建前《たてまえ》だった。東太后が亡くなる一八八一年まで、二人の共同皇太后は、それぞれが異なる役割を担って権力を分かち合った。

最初の数年間は、この女性タンデムはいまだ幼い同治帝の母親としても二人で教育にあたり、当時の名だたる儒学者たちを家庭教師として迎えた。不幸なことに同治帝は一八七五年に、天然痘か梅毒のため一八歳で亡くなる。彼が亡くなった後を継いだのが西太后の甥[9]である。

危機におちいった帝国

西太后の統治は清王朝の末期にあたるが、紀元前三世紀に出現した最初の皇帝、秦の始皇帝（前二二一―二〇六）とその後の漢王朝（前二〇二―後二二〇）を嚆矢《こうし》とする帝国体制そのものの末期にも該当する。この帝国体制は分裂や群雄割拠《ぐんゆうかっきょ》の時代（統一されていた時代よりも長い）をはさみながらも合計すると千年以上も続いていたのだ。その中には漢民族以外の部族が中国を征服して、独自の帝政王朝（一二七一―一三六八年のモンゴルによる元、またはそれに続く満州族の清）を築いたこともあった。しかし、すべての時代を通じて、帝国の原則に疑義がはさまれることはなかった。反乱者たちがいだいた野望は、皇帝となり、独自の王朝を築くことであった。その過程で「蛮族」も文化面で中国に同化し、帝国体制の基盤もそっくり受け継いだ。そうした基盤の中には、皇帝を頂点とする帝国の行政官を選ぶ科挙までもふくまれていた。したがって、中国は一九世紀中頃になってはじめて、二度にわたるアヘン戦争を通じて、帝国の慣習に従うこと、および皇帝の優位を認めることを拒否する外部勢力（欧米列強に加えて日本）に直面した。これら諸国は皇帝の権威を認めるどころか、清帝国が好むと好まざるとにかかわらず、中国に足場を築いて自由に交易する権利を求めた。一八世紀には、乾隆帝がすべての通商提案を拒否する旨の書簡をイギリス王に送れば事たりた（中国は外国の物産をいっさい必要としていない、と乾隆帝は断言した）。だが一九世紀の清帝国は、外国の要求をはねつけるための軍事能力を欠いていた。

一八三九年、第一次アヘン戦争が勃発した。西太后誕生の四年後だった。この戦争は、イギリスの中国向け主要輸出産品、すなわちアヘンの自国内における売買を清が一八〇〇年に禁止したことを発端とする、イギリスと清帝国の軍事衝突であった。争点は中国で当時蔓延《まんえん》していたアヘン摂取の問題にとどまらず、清が外国との通商を受け入れ、かつ西洋の影響力に門戸を開くかいなかが焦点だった。

この戦争は一八四二年、清帝国軍の敗北で終わった。ヨーロッパ軍隊の近代的兵器に抵抗することはできなかったのだ。清は第一次不平等条約調印を迫られた。

八月二九日の南京条約により、それまではアクセスは広東に限定されていた外国勢に、四つの港と香港島が割譲された。

中国はまた、カトリックおよびプロテスタントの布教を認め、宣教師たちは、長い間西洋に閉ざされていた中国のすみずみに数多くの新しい考え方がひろまるのに貢献することになる。

第二次アヘン戦争は一八五六年に勃発し、一八六〇年まで続いた。清帝国はこの時、連合軍（イギリス、フランス、ロシア）と対峙し、その結果として国力を弱めた。この紛争の末期、夏の離宮（円明園――一八世紀はじめに乾隆帝の為にイエズス会士たちによって設計された――は、略奪され、火をかけられた。この略奪行為は、北京へ条約交渉のため派遣されていた二九人の英仏外交官虐殺に対する報復として断行された。外交官らはその身分にもかかわらず投獄され、「懲罰部屋」で拷問されたのだ。北京条約は一八六〇年調印され、列強は清国政府から新たな居留地を取得した。ドイツは山東省に居留地を確保し、ビール工場を建てた。青島ビールはこうして誕生した。次に、首都に近い港である天津が諸外国の船舶の入港を受け入れることになった。ロシア帝国は、北京の北東に位置する遼東半島に駒を進めた。

この第二次アヘン戦争は中国南部で起きた国内の反乱と同時期に展開した。

太平天国の乱[10]である。一八五三年、キリスト教を新解釈し、農民を中心として広まった一種の千年王国（太平天国）信奉のセクトが南京を占領し、清王朝は腐敗しているので、これを倒すという主張をかかげ、独立王国の成立を一方的に宣言した。太平天国の指導者は、一種の原始的平等主義（理論上は、男女平等もふくまれていた）を推し進めた。清国政府は英米軍事アドバイザーの支援をえて、一八六四年になってようやくこの反乱を鎮圧した。外国人軍事顧問を招聘したのは西太后であり、このことは、彼女には臨機応変に状況に適合する能力がそなわっていたことを物語る。

この時代、中国は非常に貧しかった。二世紀にわたる比較的繁栄した時代を謳歌した後、新たな自然災害のサイクルに直面していた。とくに、数々の大規模な洪水――なかには川の流れを変えてしまうものまであった――は、収穫に重くのしかかった。多数の農民が都市部に流入し、飢饉の時に穀物を配付することになっている帝国の穀物備蓄システムも悲惨な状況を食い止めるに充分ではなかった。天候不良と、清帝国の米倉であった長江の南側に起こった太平天国の乱が引き起こした被害は、漢民族の多くがあいかわらず外国人支配者と見なしていた満州王朝のイメージをさらに悪化させた。ためらいがちに「侵略者たち」に門戸が開かれ、国民国家というような伝統的中国には未知だった新しい概念に接するにつれてある種の中国ナショナリズムが台頭したのも、西太后の治世下であった。

アヘン戦争以降、しだいに影響力をました欧米諸国は、鉄道建設、石炭鉱山開発（中国の石炭埋蔵量は非常に大きい）および工業化（特に繊維産業）の重要性を説いた。

これらの改革はもちろん有益であるが、西太后ととりまきは、たび重なる要求に曖昧な態度をとっていた。こうした産業化から利益をえるのは外国企業のみではないか、鉄道の敷設によって敵軍が内陸部により簡単に侵入できるようになるのでは、というおそれがあった。二度にわたる敗戦で、清帝国の拒否に対して仏英は「大砲外交」でこたえると、わかっていただけに恐怖心は強かった。そして、あきらかに進歩を意味する鉄道敷設の拒否にかんしては、中国社会に根強い先祖崇拝が妨げとなっていた。田園地帯では、さまざまな部族が所有する土地のそこここに、伝統的な風水の規則にしたがって築かれた墳墓があった。鉄道の路線をこれらの墓をさけて通すことは至難の業《わざ》であった。先祖崇拝は単なる迷信ではなく、墓は歴史ある中国社会の根本をなしているからだ。

西太后はどういう態度をとるべきか躊躇した。そして、宮廷貴族の一部の反対にぶつかって断念することもあったが、彼女はいくつかの先進テクノロジーを受けいれた。なかでも重要だったのは、中国艦隊の近代化だった。共産主義中国の著述家を筆頭として、多くの者は、西太后は最終的に、海軍近代化のための資金を夏の離宮[11]の再建に使ってしまった、と書いている。

資金の一部が離宮再建にまわされたことは事実であるが、西太后が、英独の造船会社（世界で第一級であった）からの艦船購入を柱とする、近代的艦隊の構築を奨励したことも事実だ。

一八八八年、清帝国艦隊は七八の艦船を保有し、総トン数八四〇〇〇であった。一般に考えられているのと逆に、清国艦隊は強大で、理論上では、アジア最大で、世界第八位であった。公式には漢族の改革者、李鴻章の指揮下におかれたが、水兵や将校の養成にあたった外国人顧問の存在が大きかった。

しかし、一八八〇年代末期、このなみはずれた艦隊の発展計画は止まってしまう。清帝国が、新たな自然災害のサイクルへの対処に全資金をあてる必要に迫られたためだ。この時代、西太后の側近たち（そのうちには、文官・儒学者で、皇帝の家庭教師もつとめ、強い影響力を持っていた翁同龢《おうどうわ》もふくまれる）は、明治維新後の日本――このころの日本は猛然と近代化に邁進《まいしん》していた――を潜在的敵と考えていなかった。中国では軍隊の訓練は十分というにはほど遠く、艦隊の維持管理や演習にあてられた資金の大部分は汚職に消えた。その結果、一八九五年に日本が清帝国を敗《やぶ》って、最大の屈辱を与えた。

日清戦争は一八九四年に朝鮮——清帝国の朝貢国だが、日本の影響力がましていた——の支配をめぐって勃発した。清国艦隊は一八九五年二月一二日に威海衛において大敗を喫し、清国は日本と同年四月一七日下関条約を締結しなければならなかった。アヘン戦争に続き清帝国はまたも多額の賠償金を支払うこととなった。講和条約にもとづき、一八八五年に清国の省となったもののなおざりされていた台湾は、たいした躊躇もなく日本に割譲され、同時代の欧米列強モデルにしたがって勢力拡大をめざしていた大日本帝国の第一番目の植民地となった。おまけに朝鮮王朝が独立し、日本は北京[11]への玄関口、遼東半島に足場を築いた。中国は歴史的に日本を隷属国としてみなして「小日本」と蔑視していただけに、日清戦争における敗北は壊滅的、屈辱だった。

改革の挫折と秘密結社義和団の乱

西太后の生涯で最悪のエピソードとして、中国人改革者や外国人がしばしば言及したのが、一九世紀末期の改革政策を阻止したことと、外国人排斥（扶清滅洋）の義和団の乱を支持したことだ。そもそも、一八八九年に若い光緒帝が即位したことにより、理屈の上では、西太后は引退するはずだった。しかし、一八九五年の日清戦争での敗戦のあと、みなの予想を裏切り、皇后は甥の即位により失っていた第一級の役割をとりもどした。

この時代、「中国の精神」は忘れないが、西洋の技術を取り入れ、中国を発展させ強化しようとする改革者の影響が増大していた［変法自強運動］。若い皇帝は彼らを支持した。彼は、日本が明治維新で断行したように、英独の立憲君主制からヒントをえて体制を改革しようと願っていたからだ。

一八九八年六月に、「百日維新[12]」と呼ばれる改革が始まった。西太后も当初は支持したようだが、伝統にこだわる官僚と満州族宮廷人たち（後者は守旧派で、皇帝の父親である醇親王を押し立てて団結した）が、改革実行に強硬に抵抗した。こうした対立の行く末を懸念し、王朝の安定を気にかけた西太后は最終的に保守派につき、この運動を中断させた。一八九八年九月二八日、六名の改革派が処刑された。九月二一日、皇帝に近かった改革理論家の康有為[13]は国外に逃亡した。同日、光緒帝は伯母の西太后によって、紫禁城に隣接する中南海[14]地区の宮殿の一つに「幽閉」された。西太后は懿令を発布し、光緒帝は「権力を行使すること能《あた》わず」、と宣言した。光緒帝は幽閉の身のまま、一九〇八年に崩御する。おそらくはヒ素化合物による毒殺とみられる。奇《く》しくも、西太后崩御の前日だった。

改革の失敗からまもない一八九九年、外国人を標的とする義和団の乱が起きた[15]。前述のように、西太后は中国社会における西洋の影響力増大を懸念していた。そこで彼女は、宮廷の保守派とともに、全土に広がった義和団の乱を支持することにした。一九〇〇年、欧米日軍が天津から軍を派遣するまで北京の外交使節居留区は五五日間包囲された[16]。一八六〇年、夏の離宮掠奪《りゃくだつ》が起きたときに皇帝とともに熱河に避難したように、今回も西太后は熱河へと逃《のが》れた。彼女が北京にもどるのは一九〇二年になってからである。清帝国崩壊前夜であった。

外国人排斥運動がこのように痛烈な失敗で終わった後、列強は自分たちの居住地を清国の法が及ばない租界とした。一九〇五年、大日本帝国はロシアのバルチック艦隊を撃破し、日露戦争の勝者となって世界を驚かせ、これを機に、更に勢力を増した。それ以降、当時の風刺画が描いているように、大日本帝国がアジアを席巻し、広大な中国は欧米列強によって分割された。

晩年、西太后は幾つかの中国近代化策を採った。漢族と満州族の結婚も認められ、纏足は公式に禁止された（しかしこの習慣はまだ数年続いた）。一九〇五年になってはじめて、儒学と文学の完璧な知識を問う科挙と、武官選抜の為の弓術と馬術の試験［武科挙］が廃止された。しかしこれらの改革は遅きに失した。清帝国の権力はもはや、権威を失った実権のない人物をトップにいただく、空の貝殻にすぎなかった。

一九〇八年一一月一五日、七二歳の西太后は脳卒中で亡くなった。甥である光緒帝の死の翌日だ。清王朝は三年後の一九一一年一〇月一〇日、辛亥革命[20]と、それに続く一九一二年二月一二日のラストエンペラー溥儀の退位によって瓦解した。

御簾《みす》の陰からの権力の行使［垂簾政治］

以上の困難な状況の中、一八六〇年に権力の座に着いてからの西太后と東太后の日々は重苦しいものだった。国家指導者の役割は重大で、勅令を執筆し（または自分の名で代筆させ）、帝国の膨大な官僚組織を巧みに機能させ、「中央行政官庁」（六部[18]）が提出する官僚人事案をチェックし、承認しなくてはならない。そして、地方官僚から送られてくるすべての報告に目を通すのも国家指導者の役目だ

（これがおそらく、最も重い責務だったろう）。地方官僚は報告書の中で、彼らが直面している問題を説明し、対策案を提示し、反乱や反逆、或いは善行の例、犯罪、王朝にとって不吉な予兆と解釈される尋常《じんじょう》ならざる自然現象等を詳しく伝えていた。一八六一年、清帝国の脆弱さを証明した第二次アヘン戦争後、西太后と東太后は組織ぐるみの汚職にまみれている帝国官僚組織の引き締めを試みたがあまり成功しなかった。

皇帝と、皇帝の名で統治していた二人の皇太后はまた、天壇、地壇で慣例の儀式をとりおこなわねばならなかった。儒教によると、何一つおろそかにしない慣習遵守《じゅんしゅ》こそが、帝国の安定をもたらすからだ。あらゆる混乱は、王朝が「天命」を喪失する原因となる可能性がある、と考えられていた。西太后は、こうした祭礼任務を果たすために夜明けとともに起きた、と言われている（東太后も同様であった）。西太后はまた、パステル調の刺繍を施された豪華な式服――未亡人の身分に合わせたもの――を着なければならない。輝かしい色は、皇帝のみに許された黄色だけだ。髪は、満州族伝統にしたがって高く結われ、宝石と花で飾られた。頭の頂点で二つに分かれている髪型だ。肩からは上質で非常に高価な真珠を網状につらねた飾りをたらし、翡翠《ひすい》のブローチでとめた。日中は、地方官僚の接見やら、側近との会合――つねに御簾の陰で――やらで忙しい。西太后に徹頭徹尾《てっとうてつび》忠実だった恭親王は、内閣のトップで外交担当であり、彼は亡くなるまで西太后の傍に仕えた。

一八六一年、第二次アヘン戦争後、西太后は総理各国事務衙門という外交担当政府機関を設立した。恭親王は、不平等条約とたび重なる敗戦にもかかわらず、外国との融和を重視しているといわれた。彼が一八九八年に亡くなると、異母弟であり欧米列強に敵対的な醇親王が後任となった。

しかし、特に義和団蜂起後に人々がいだいた西太后のイメージとは裏腹《うらはら》に、西太后は外国人に対して比較的オープンな姿勢でのぞんでいた。一九歳で若い外交官として中国にやってきた英国人ロバート・ハートは、請われて広東海関の副税務司に就任し、一八六三年から一九一一年まで総税務司として中国税関をたくみにひきいた。一八六二年設立の中国初の外国語学校、同文館の校長職に就いたのも、外国人（イギリス人宣教師、ついで米人宣教師）であった。加えて、西太后は西洋にしばしば使節を派遣し、欧米の政治社会組織に関する報告書を熱心に読んだ。

西太后は長いあいだ悪の権化として、二六〇年間も中国を支配していた非漢人の清王朝を一九一二年に倒して中国初の共和国である中華民国を樹立した中国人ナショナリストたちの引き立て役になった。つぎに、共産主義者は西太后を、進歩が止まった中国社会が抜け出せないでいた封建制度の諸悪の根源の象徴とした。一九七六年の毛沢東没後、彼の妻であった江青女史の失脚にともない、女帝という公式の肩書はなかったものの現実に皇帝の権力を行使した西太后を引き合いに出して江青を批判する動きがあった。

しかし一九九〇年代から風向きが変わった。それまで中国ではほとんど研究されず、外国人研究者がアクセスすることが不可能であった史料の活用により、西太后はある種の復権を遂げている。一部の者は、表層的なイメージを超え、フェミニズムのアイコン、または、西洋を手本にした近代化と改革の立役者だととらえるようになった。真実——日記や私的文書を残さず、外界から切り離された女性の真実というものが把握できると仮定したらであるが——はおそらく、「帝政の諸悪の権化」と「近代化に貢献したフェミニスト」という両極端のイメージの中間にあるのだろう。西太后とは、当時の中国を知っていた欧米人の言説にもとづいて人々が勝手な空想をふくらませた対象――ある意味で「フー・マンチュー」［イギリスの作家サックス・ローマーが著したシリーズ作品の主人公。世界征服を企む邪悪な中国人、という設定］の女性版――であり、同時に、挫折したゆえに理解されなかった改革者である、と言えようか。

◆原注

1　八人のうち。
2　西欧では、西太后の別称である慈禧太后の慈禧をとってCixiと呼ばれている。慈禧の古いアルファベット表記であるTs'eu Hsiの名でも知られている。
3　北京の地区名。満州族の町の別名。漢族の町と区別するため。
4　一八四九年から、家族のメンバーは首都から遠く離れたモンゴルのホホトに派遣された。
5　足の成長を抑えるため、前の部分がだんだん足の裏の下側に折り込まれるもの。足は苦痛をともない退化していった。
6　のちに説明。アヘン戦争。
7　一八六一年同治帝の名で、五歳で皇帝となる。
8　古代、皇帝は奴隷や側室に囲まれて埋葬された。
西太后の妹と醇親王（咸豊帝の異母弟）の息子。四歳で即位。

光緒帝の名で皇帝となったが、シンボル的役割しか果たしていない。

10　とくに、今でも見られる、昆明湖に浮かぶ大理石製の船（石舫）。

11　一九一一年大日本帝国の植民地となった遼東半島。

12　改革運動が続いた期間がつかのまだったためにこのようによばれる。

13　康有為は一九世紀末、西洋人たちの証言をもとに考察を進め、西太后をきびしく批判する回想録『戊戌政変記』を出版した。

14　現在、中国指導者たちの官邸街となっている。

15　義和団の名は、習得すれば無敵になる、と信じられていた拳法、義和拳法のから来ている。同団の構成員は一八世紀設立の秘密結社のメンバーで、一九世紀末の清朝宮廷の超保守派に支持され、増大する外国人の影響力を排除しようと、蜂起した。多くの外国人、なかでも宣教師が虐殺された。

16　このエピソードは「北京の五五日」という映画によって一般に広まった。（「北京の五五日」一九六三年、ニコラス・レイ監督作品）

17　辛亥革命とは、中華民国をおこした中国初の共和派革命で、清王朝を一九一一年（中国暦の辛亥元年）に打倒した。

18　六部中国行政府の省庁の一つ。

＊参考文献

Chang, Jung, *L'Imperatrice Cixi. La concubine qui fit entrer la Chine dans la modernite*, Paris, JC Lattes, 2015.

Cheng, Anne, *Histoire de la pensee chinoise*, Paris, Seuil, « Points », 2002.

Niquet, Valerie, *La Chine en cent questions*, Paris, Tallandier, 2021.

Seagrave, Sterling & Peggy, *Dragon Lady: the Life and Legend of the Last Empress of China*, Londres, Vintage, 1993.

Spence, Jonathan, *The Search of Modern China*, Londres, W. W. Norton, 2022.

14 ゴルダ・メイア（一八九八〜一九七八）
女性版シオニズム

ジョルジュ・アヤシュ

ゴルダ・メイアは政治のステップをねばり強くのぼりつめ、ついに一九六九年、イスラエルの首相に指名された。彼女にとって、若い頃に思い定めた、どんなことがあってもシオニストの主義主張を守るという使命をひたすら追求した結果であった。彼女の強靭な性格は筋金入りで、周囲には強情で、愛想がなく、横柄な人物で通っていた。が、彼女はまったく意に介さず、彼女の計画は一ミリもぶれることがなかった。もともと男性社会である政界の真っただ中で女性であることを武器にしようとは思わなかったが、一徹な彼女は、女性である弱みにつけこまれそうになれば断固拒否した。後にイスラエル建国の父、ダヴィド・ベン＝グリオンが、彼女こそ彼の政府内で「唯一の男である」と言ったほどである。

シオニストの中のシオニスト

一九〇二年、ウクライナ。四歳だった小さなゴルダ・マボヴィッツは帝政ロシアの歴史の中でももっとも苛酷なポグロム［ユダヤ人に対する集団的な迫害］を逃れ、一家で脱出した。コサック兵たちの長靴の足音、略奪され焼きはらわれる家々、言葉にできないほどの激しい恐怖は彼女の記憶にずっと刻まれていた。まだ小さなゴルダには、自分が生き残ったという事実以外、当時の状況のことなどなにもわからなかった。それから一五年後、マボヴィッツ一家は、ウィスコンシン州ミルウォーキーに安住の地を見つける。「ゴルディ」と呼ばれるようになった少女は思春期を迎え、姉のシェイナを見習ってアメリカ人らしい少女になった。聡明で活動的で冒険を夢見る少女に…。ミシガン湖のほとりにまどろむようなこの小さな町は、せいぜい活況を呈するビール工場で知られる程度で、彼女の夢はこの町をはるかに越えていた。

最初、ゴルダは学校の先生になりたかった。だがたまたま肉親と交わした会話がきっかけで、シオニズム運動、つまりユダヤ人を先祖の地に帰還させる運動に情熱を燃やすようになった。ミルウォーキーから何千キロも離れたパレスチナには既にヨーロッパから移住者の集団が怒涛のように押し寄せ、「約束の地」に入植して土地を耕し、かつてディアスポラで各地に離散しゲットーに押しこめられた苦難の過去を断ちきろうとしていた。ゴルダも熱心に、その行動原理を最初に説いたテオドール・ヘルツルの『ユダヤ人国家』を読みふけった。またアーロン・デイヴィッド・ゴードンの著作もむさぼるように読んだ。彼は大地を耕す労働を通してユダヤ人が再生を果たすべきだと熱心に勧めた哲学者である。二〇歳になろうとしていた若いゴルダは、一刻も猶予している時間はないと考え、年齢をいつわってまで労働シオニスト機構、ポアレイ・ツィオンに入党した。それと同時に町のユダヤ人センターの民族学校フォルクスシューレでイディッシュ語を教えようと決心した。父モーシェの大反対を押し切って、町の一角のシナゴーグの前に木箱をもちだし、その上に乗ってシオニズムの福音を伝えた。一九一七年のことである。[1]

この時期、ヨーロッパでは熾烈な戦争が続いていた。ゴルダは連合国を支持するシオニストたちが組織したユダヤ人部隊への入隊を希望したが、女子の募集はなかった。だが彼女の関心はやがて、一人のリトアニア出身の内気なインテリ青年に向かう。彼の名はモリス・マイアーソン。ゴルダは彼と恋に落ち、ほどなく結婚した。モリスは妻よりロマンティックで沈思黙考の人で、シオニズムとは距離をおき、戦闘的な態度とは無縁のようだった。一方ゴルダははっきりとあることを心の中で決めていた。パレスチナへの移住である。彼女はやや気むずかしいところがあったが、なみなみならぬ決意がすでにはっきり表れていた。こうして二人は一九二一年五月にパレスチナに出発することを決めた。

当時、「エルツ・イスラエル[2]［ユダヤ人がパレスチナにつけた呼称］」はアメリカ大陸からはるかに遠い場所だった。中東欧からの入植者たちはそれほど違和感なく新しい地になじんだが、西欧のユダヤ人や、とくに大西洋を越えたアメリカのユダヤ人はそうはいかなかった。マイアーソン夫妻もいきなりキブツでの苛酷な暮らしに直面することになったのだが、集産化された原始的な農業を営むキブツには安らぎもプライバシーもなかった。その上、入植者たちの置かれた粗悪な環境はインテリの身には大変こたえた。モリスはこの状況にたえられず、数年後にはアメリカへ戻ることになる。[3] ゴルダは反対にキブツの生活に熱狂していた。キブツこそがシオニストの理想を実現し、独立と行動への渇望を満たしてくれるように思えた。

エズレルの谷に位置するメルハヴィアにまず入植したマイアーソン夫妻だったが、その日常は牧歌的な田園生活とはほど遠かった。のちにゴルダは回想録にこう記す。

「果樹園もなければ、草原も、花々もなかった。まったくなにもない、あるのは風と岩と太陽に焼きつくされた畑が少しだけ」

たしかにパンはなかった、でも夢があった！　ゴルダは農業をしたり、たいしてお金にならない小さな仕事をしたりしていたが、それでもシオニズム運動の本流からはずれることはなかったようだ。ヘブライ語は満足に話せなかったが、シオニスト指導者の中で序列はしだいに上がっていった。シオニズム運動の会議や組合の会合に参加して、上層部と交わる機会があった。のちにイスラエル大統領となるイツハク・ベン＝ツヴィやダヴィド・ベン＝グリオン、そしてのちに首相となるモーシェ・シェルトクらである。[4] 一九二三年にゴルダはヒスタドルート（ユダヤ労働総同盟）に配属された。これは将来のユダヤ人国家の組織の下地となる団体だった。彼らはほとんど全員男性で初めは彼女を見下していたものの、やがて彼女は全員の尊敬を集めるようになった。ゴルダは生粋の女権拡張論者というわけではなかったが、女性入植者たちの統合と女性労働の立法化を担当した。そもそも彼女はアメリカでも、女性参政権論者だったことは一度もなかった。しかし、なにごとも実地に即して独学してきた彼女は、仰々しい声明よりは具体的な成果から学んで「建設的なフェミニズム」を説き勧めた。その上、彼女はキブツが、職業の上でも、個人としての生き方の上でも、そして性生活の面でも、女性の解放を実現する理想的な場所だと考えていた。

こうしてゴルダは身も心も新しい職務に打ち込んだ。ゴルダには一九二四年生まれのメナヘムと一九二六年生まれのサラという二人の子どもがいたが、子育てにはあまり関われないのは覚悟の上だった。もちろん、シオニズム運動にくわわった女性はゴルダだけではなかった。たとえばラケル・ヤナイト、エイダ・マイモン＝フィシュマンまたはラケル・カッツネルソンら[5]がいたが、彼女たちには男性に伍して働こうという野心はなかった。しかしゴルダは、しだいにシオニズム運動に根を下ろしていった。風あたりはきつく、多くのそねみや悪意ある噂がつきまとった。彼女は出世欲のかたまりだと思われていたし、それほどモラルが厳しく問われなかったこの社会でさえ、彼女の私生活は「堕落」していると非難された。キブツの女性からは魔女かメハシェファ（頑固で威圧的な女性）扱いされた。だがゴルダがそんな雑音を気にかけることはほとんどなかった。自由にふるまい、大きな帽子をかぶり、つねにシガレットホルダーを手にし、神秘的なオーラを発して、ひいき目に見れば「魔性の女《ファム・ファタル》」の雰囲気をかもし出していた。中肉中背で、深くて鋭いまなざしで見つめる彼女は美形とはいえなかったが、男の注意を引きつける術を心得ていた。ずっと後になって、ゴルダはちょっと大げさにこう言いきっている。

「美人でないことは恵みでした。そのために、わたしの内面にある他の資質が伸ばされることになったからです。きれいなお嬢さんはそれだけでハンディキャップを背負っているのです」

派手な見せ場はなくとも、彼女はただ自分が思うように人生を生き、男性へのコンプレックスはみじんもなかった。

一九三〇年代に入ると、シオニストの幹部から海外での仕事をいくつか託されるようになった。アメリカに何度か渡航し——ゴルダはまだ米国籍のままだった——、資金調達に動いた。ゴルダはまたダヴィド・ベン＝グリオン[6]の側近に登用された。彼がイシューヴ[7]内部でも国際舞台でもシオニズム運動の最高権力者となった時期である。急遽、ベン＝グリオンはあえてゴルダをイギリスに派遣した。彼は若いゴルダが「バルフォア宣言」の立役者ハイム・ヴァイツマンとはちがってイギリスびいきでないことを知っていた。ゴルダはこの国にとくになんの好意もいだいていなかった。イギリスは第一次世界大戦の終了後、パレスチナについてユダヤ人とアラブ人の双方に気を持たせる二枚舌を使った[8]。またこの国は立て続けに三つの「白書[9]」を提示し、ユダヤ人に約束した「民族的郷土」をごくわずかな面積に縮小しようとした。一九三七年、ピール委員会で初めてパレスチナをユダヤとアラブに分割する案が示され、その報告書が出されるとゴルダは本心をもらした。

「いつか、息子のメナヘムから、どんな権利があってこれほど大きな領土を手放したのかと聞かれたら、なんと答えていいかわからない」

当時、ファシズム体制とナチの全体主義の到来に直面したヨーロッパのユダヤ人は、迫りくる大きな災厄におびえ、必死に安全な場所への避難を模索していた。パレスチナへの避難ルートは、ますますアラブ人の顔色をうかがうようになったイギリス人によって断たれた。だが、他に避難できそうな場所はどこにもないように思われた。一九三八年夏、フランスのエヴィアンで、ルーズヴェルトの提案により難民に関する国際会議が開かれた。ゴルダ・マイアーソンは「パレスチナのユダヤ人オブザーバー」の資格で参加したが、討議の間の発言は禁じられた。会議に参加した三二か国は全会一致で、どの国もいっさい難民の受け入れはできないと宣言した。激怒したゴルダは報道関係者に言い放った。

「わたしが死ぬ前にどうしても見ておきたいことがあります。それはユダヤ人が未来永劫に、だれからも同情されないようになることです」

この熱血女性活動家が強い信念の人であることをベン＝グリオンは見ぬき、一九四五年、ゴルダを強大な労働党の「政府」にあたるヴァード・ハポエル（ヒスタドルートの執行委員会）委員に抜擢した。その後すぐに、イシューヴ全体を代表してヴァード・レウミ（国立ユダヤ評議会）に迎えられた[10]。彼女が無条件に師と仰ぐベン＝グリオンだけでなく、モーシェ・シャレットやエリヤフ・ゴロムにならって、ゴルダはそれ以降幹部の一角をしめる。どれほど昇進したかをあかす事例として、一九四六年七月、彼女は当時イギリスによって拘留されていたモーシェ・シャレットの代理として、暫定的にパレスチナのシオニスト執行部であるユダヤ機関の政治部長を務めたことがある。彼女はじつに戦闘的な代理人だった。ある日、委任統治領の事務局長が冷たく言い放った。「マダム・マイアーソン、ナチがユダヤ人を迫害したのには、しかるべき理由があるはずです」その言葉におおいに憤慨した彼女は、事務局長の部屋のドアを力まかせに閉めて出ていった。

一九四七年一一月、国連でパレスチナのユダヤとアラブへの分割案が採択された時、ゴルダはユダヤ機関の代表としてエルサレムにいた。彼女はこの分割が戦争を引き起こすことをすぐに悟った。数のうえでまさり、しかもすでに編成ずみの兵士を擁するアラブ軍勢に抗戦するために、シオニストも武装する必要がある。それには資金、それも多額の資金が必要だった。皆の視線は、当然ながら直観的にアメリカへ向けられた。ベン゠グリオンは当初自らが訪米する計画を立てたが、ゴルダはそれを思いとどまらせた。その頃には「おやじさん」と呼ばれていたベン゠グリオンに、イスラエルにとどまるべきだと説得した。彼も最後には折れた。「わかった、行ってくれ。そのかわり、今すぐに」その晩ただちにゴルダは機上の人となった。ハンドバッグとあわててひっぱりだしたみすぼらしいコートの他には手荷物もなかった。ニューヨーク、ボストン、さらにはフィラデルフィアにまで出向き、行く先々のユダヤ人評議会やユダヤ系社会基金に向けて将来のユダヤ人国家の大義を説き続けた。六週間にわたる熱弁とたゆまぬ努力の結果、五千万ドルの資金を集めることができた。かのベン゠グリオンのかかげた目標額はその半額だったから、大いに称賛された。

「いつかこのことが書かれるときが来たら、昔一人のユダヤ人女性がいて、彼女の集めた資金でわれわれの国を建設することができたのだったと言われるだろう」[11]

ゴルダ・マイアーソンは結局、古典的な外交よりは「ファンド・レイジング」にたけていたといえるだろう。その証拠に、このできごとの少し前に、「おやじさん」は彼女に、トランスヨルダン王国のアブドゥッラー国王に極秘裏に会い、彼の腹の内を探るように命じた。これは危険なだけでなくりゆきまかせのミッションであり、ゴルダは新たな争いから距離を置くよう国王を説得することに失敗した。一九四八年五月にもう一度、彼女は国王に会った。身分を隠してのぞむため、パレスチナ女性のイスラム教徒に見せかけてヴェールをかぶりゆったりとした衣服を着た。アブドゥッラーとは激しいやりとりがかわされ、国王は、シオニストたちが自分たちの国づくりを急ぎすぎていると遠まわしに伝えた。それに対して彼女はぴしゃりと反論した。

「閣下はわれわれが国づくりを急いでいるとおっしゃいますが、わたしはそう思っておりません。われわれの民族はもう二千年も待たされております」

後になって、ゴルダの頑固さ、融通のきかなさや、外交辞令的な言葉遣いの無視とは言わずとも、アラブの慣習への無知を非難する声があがった。非難されて当然ではあったが、ゴルダは意に介さなかった。彼女の頭の中には、政治への意欲とユダヤ人国家の建設しかなかった。彼女は中東特有の大げさで偽善的な表現をまったく評価しておらず、その凝った言いまわしも彼女には裏の顔があるようにしか思えなかった。

「魔性の女」

一九四八年五月一四日、イスラエル国家が誕生した日、ベン＝グリオンが読み上げた独立宣言の末尾に署名した人物のうち、女性はわずか二人だった。そのうちの一人がゴルダ・マイアーソンだった[12]。一生でもめったになかったことだが、涙をこらえきれなかった。しかし歴史的瞬間に酔いしれているひまはなかった。もう戦争は始まっており、ネゲヴ砂漠の中央に位置し、娘のサラが暮らすレビビムのキブツには、すでにエジプト軍の脅威が迫っていたからである。ゴルダはここで再びアメリカに派遣され、さらなる資金調達に動いた。そして前回を上回る一億五〇〇〇万ドルの資金集めに成功した。功績が認められ、彼女はソ連駐在イスラエル大使に任命された。イスラエル女性としてこれほど高い地位についたのは、もちろん彼女が初めてだった。

当時、ソヴィエト連邦は新しい国家イスラエルの同盟国であり、彼女はその初代大使に認証された。だがモスクワはその関係をくつがえして近東側と同盟を結ぶ準備をしていた。シオニストがイギリスと対立する構図は、共産主義者にはおおいに有利な状況であった。かつてのソ連にとって、イスラエルと良い関係を築くことは、地政学的にみて石油資源を有するこの地域に根を下ろすための了解事項であった。ところが冷戦の構図が生まれるとそれまでの均衡が破られ、国内のユダヤ人問題に神経をとがらすクレムリンにはアラブ諸国の方が魅力的にみえてきた。ソ連側の態度硬化によりゴルダの職務はたちまち挫折に追いこまれた。結局彼女のソ連での滞在期間はわずか七か月に終わる。
帰国したゴルダがせめてもの慰めと感じたのは、一九四九年一月のクネセト（イスラエル議会）の選挙でマパイ党[13]が勝利し、彼女も議席をえたことだった。ほどなくベン＝グリオンが首相となり、彼女を労働相に任命した。その職務は非常に困難なものだった。七年もの間、押し寄せる移民にひたすら対処し、その結果この国の人口はイシューヴ時代に比べ倍増した。[14]ゴルダは立派に職責を果たしたが、宗教政党同盟[15]を味方につけることはできなかった。そもそも彼女が閣僚に指名された時から、宗教政党は不満をもらしていた。ゴルダがテルアヴィヴの市長候補になった時には女性であることを口実にしりぞけられた。キブツでは尊重されていた男女平等の原則は結局死文化されてしまうのか。彼女は軽蔑するように皮肉たっぷりにこう言った。

「今まで二千年もユダヤ国家ができるのを待っていたあげくに、わたしにまだそんな仕打ちをするというんですからね！」

ベン＝グリオンは一九五六年七月、ゴルダを外相に抜擢したが、ゴルダにはあきらかに彼への不信感が芽生えた。ベン＝グリオンは彼女のことをもっとも忠実な部下であるのみならず、自分と同じく強硬で負けじ魂の女闘士と見ていた。チームで働くときも彼女はつねに近寄りがたい一匹狼で、仕事がすべての人だった。ゴルダが外相に就任して対外的にイスラエルの顔となったので、「おやじさん」は彼女の名前をヘブライ語らしい名に変えるように求めた。かくして、マイアーソンから「メイア」

（「光を受ける者」の意）に改名された。だが彼女は新たに拝命した任務に鬱屈した思いをかかえていく。というのも、外交政策は依然として首相の不可侵領域のままだったからだ。首相がすべての決定権をにぎり、重要な機密文書はゴルダには見せず、モーシェ・ダヤンやシモン・ペレス[16]ら重鎮との協議に供するのだった。

　じつのところ、ゴルダは圧倒的に男性優位の状況におかれた、たった一人の女性だった。一九五六年、エジプト大統領ナセルがスエズ運河を国有化したことに端を発した国際危機に際して、フランスとイギリスの間でかわされた裏取引――エジプトに対する合同軍事行動――について、ゴルダ・メイアには折衝の最終段階まで内容を知らされずじまいだった。その代わり、彼女にあてがわれたのは敵意うずまく国連総会でイスラエルの立場を擁護するという損な役まわりだった。

「アラブ諸国は一方的に「交戦権」を享受しています。そしてイスラエルのみに一方的に平和を維持する責任が押しつけられています。しかし、交戦状態というのは本来一方通行であるはずがありません」

　もう一つ彼女に託されたのは、アラブ諸国の大使たちとの力ずくの論戦、あるいは国連事務総長ダグ・ハマーショルドとの神経をすりへらすような会談であった。とくにイスラエル＝アラブ関係の論点で完全に蚊帳の外におかれたゴルダは、当時続々誕生したアフリカの新興諸国と親密な関係を結んで国の立場を有利にしようとつとめた。実際に、彼女がイスラエル外交のトップを務めた一〇年間に、アフリカ諸国との間に、とくに農業部門で数多くの協力計画を締結し、確実に成果も上がった。

だが一九六〇年代初頭には、長年政権についていた労働党政権が消耗し、党組織の内部対立によって弱体化してきた。とくにベン＝グリオンと元国防相のピンハス・ラヴォン[17]との確執が生じた。ゴルダは初めて非情にも「おやじさん」と対決する立場に転じた。これまでずっと彼に無視されてきたと感じ、長年鬱積していた感情が一気に仕返しとなって噴き出したのか。昔から政界ではおなじみの「父殺し」の欲望か。いずれにせよ、引導をわたす側に彼女もくわわって、イスラエル建国の父は完全な引退[18]に追い込まれた。一九六三年六月のことである。

後継の首相には、ベン＝グリオン内閣でかつて閣僚をつとめたレヴィ・エシュコルが就任した。ゴルダ・メイアは閣内に残ったが、「おやじさん」の忠実な部下だったダヤンとペレスへの恨みをひきずっていた。農業相となったダヤンは、ツァハル（イスラエル国防軍）の参謀総長として一九五六年にエジプトと戦ったシナイ戦争を勝利に導いた[19]功績から、絶大な権勢を誇っていた。だからゴルダはまず怒りの矛先を、なにからなにまで気にくわないペレスに向けた。彼は陰険で何にでも口出ししてくるし、このエリート政治家が外交に首をつっこみ、大臣であるかのようにふるまう[20]のが許せなかった。さりながらペレスには資質があるとあえて反論する者には、激しく言い返したものだ。「アル・カポネだって資質はありました！」だがゴルダは同僚とたえず小競り合いを繰りひろげる政治の日常にうんざりしてきた。年齢ももう六九歳になっていた。ついに彼女はしぶしぶではあるが内閣を去る決断をした。一九六六年のことだった。当時、彼女はエシュコルに打ち明けている。「パートタイムで大臣をやっているより、フルタイムでおばあちゃんをやるほうがましだわ」

一九六七年春、イスラエルと周辺のアラブ諸国の間に紛争が勃発した。ナセルがアカバ湾を封鎖し、一九五七年からシナイ半島に駐留し調停にあたっていた国連平和維持軍に撤退を迫ったためである。イスラエルはそれ以降危機に瀕し、戦争にふたたび突入する気配が濃厚だった。だが、レヴィ・エシュコルにはこの事態をおさめる力量はなかった。ためらいがちで優柔不断、指導力に欠けていた。国民が彼に代わる強力な人物を探し求め、一度は政界を引退したモーシェ・ダヤンにたどりついたのは当然のなりゆきだった。

その世論に逆らってゴルダ・メイアは猛然とダヤンに反対した。彼女は、軽率で好戦的なこの男を指名すれば、政治の舞台で高いつけを払うことになると主張した。「わたしの目の黒いうちは、そんなことは絶対に許しません！」

たしかに、マパイ党の歴代のリーダーたちの中には、ゴルダ同様ダヤンの指名に危機感をもつ者もいた。だがゴルダはだれよりも攻撃的で、新聞『ハアレツ』に「こちこちの頑固女で、そのすさまじい政治的破壊力は国家の統一を阻害する」とまで書かれた。

ほかの人たちは「魔性の女」というあだ名を彼女にたてまつった。エシュコルがゴルダの圧力に負けてダヤンを首相にせず国防相に任命した時、ゴルダ・メイアはお人よしをよそおって次のようにコメントした。

「イスラエルの国民は、ダヤンだったらエシュコルにはできなかった何かをしてくれると期待していたと、言えたかもしれませんね」

実際にこのカリスマ指導者ダヤンがツァハルを神業で再編し、六日間戦争[21]を圧勝に導いて、イスラエル国民は自信を回復した。

イスラエルの祖母

一九六九年二月、レヴィ・エシュコルが心臓発作により急死すると、ついにゴルダ・メイアの時代が到来した。だが彼女が最初から本命だったわけではなく、マパイ党はただちに二人の若い候補者を立てた。当時も国防相をつとめていたモーシェ・ダヤンと、副首相のイーガル・アロンである。ところがこの二人は以前から犬猿の仲で、結局とも倒れの結果に終わった。とくにダヤンは堂々と名のりをあげるのを躊躇した。栄光の絶頂にいながらチャンスをみすみす逃し、同時にけたはずれの人気を政治への切り札に利用する機会をもつかみそこなった。もっとも、国の独立をかけて戦った古い世代の人たちがそう簡単に権力を手放さなかったのも確かである。マパイ党はやむなく落としどころを探り、ゴルダ・メイアで決着した。ともかくゴルダもずっとイスラエル国の中枢に身をおいてきたので、彼女なりに、国家の持続性を体現することになったのである。

イスラエルの首相になることは、七〇歳を越えても堅固な岩のように見えるこの人なみはずれた女性にとって最高の栄誉であった。イスラエルの国外ではゴルダはエシュコルと同じく、ほとんど知られざる存在だった。世界はしだいに彼女のいかめしい姿を見慣れていった。いつも地味な色目の服を着て、髪はたばねてまとめ、厚底の靴――有名な「ゴルダ・シューズ」――をはき、たえずたばこを吸っている。頑固一徹で辛辣なこの政治家に、人々は愛情をこめて「イスラエルの祖母」とあだ名をつけた。

ゴルダの朝は早い。机の上に雑然とおかれた大量の書類を、かたっぱしからかたづける。書類は私設秘書のルー・カダルがいくら整理してもまた積みあがってしまう。その間、かなりの自主性をあたえられている側近たちが出入りしては短いやりとりをしていく。昼食は数分でさっさとすませふたたび仕事にとりかかり、閣議を開くかクネセトで議員と討論する時以外は、夜まで執務する。通常は夜になってようやくエルサレムの小さなアパートの自室に帰った。木曜日にテルアヴィヴの事務所にたどりつき、近くのラマトアヴィヴにある自宅でシャバット［安息日］を過ごすのが、ほっと一息つける時間だった。エルサレムへは、たいがい土曜日の晩遅くか、日曜日の午前の早いうちにしか戻らなかった。

政権をとったゴルダに、それまでの信条を変えたり、妥協に流れたりする気は少しもなかった。そもそも六日間戦争の終わった後も警戒をゆるめる事態にはまったくならなかった。実際に、手ひどい屈辱を受けたアラブ諸国は報復しか頭になかった。エジプトは消耗戦に乗り出し、派手な戦果はあがらなくても殺戮戦であることは確かだった。パレスチナ側は新たな形態のテロ行為を展開し、世界の注目を浴びて国際世論を味方につける作戦に出た。この状況では会談という手段で平和をとりもどすことはできない。ゴルダの信条は何も変わらなかった。

「われわれユダヤ人はアラブとの戦争で秘密兵器をもっている。われわれにはどこにも行くところがなく、戦うのみである」

彼女の言い分を信じれば、［パレスチナにいるアラブ人への］国家の返還要求などはアラブ諸国がイスラエルを消滅させるために考え出した思いつきにすぎない。そもそもパレスチナ人など存在しないからだ。ゴルダは一九三〇年代に発行された自分のパレスチナのパスポートをかざしながら、「パレスチナ人とは、われわれのことです！」と吐きすてた。そして仮設の収容所で悲惨な環境におかれている難民の本来の領土とは、ヨルダンにほかならないと断じた。彼女の政策に反論があがれば厳しく反駁した。「お悔やみの言葉をかけられるより、非難される方がわたしはうれしい」と。権力の座につき、ゴルダ・メイアがつねに感じていた孤立感はいや増《ま》した。イスラエルはこれからもずっと自分自身しか頼れない。とりわけヨーロッパには不信感をいだいていた。子どもの時に命からがら逃げ出したこの旧大陸は、悲惨な状況に置かれたユダヤ人を保護することもできなかったのに、今になって旧大陸以外の世界に教訓をたれようとしている。彼女がシモン・ペレスにずっといだいていた嫌悪感は、ペレスがフランス好きを公言していたことと無縁ではなかった。

ゴルダは幼少時をすごした国ということもあって、やはりアメリカに賭けていた。おりしも一九六八年に、リチャード・ニクソンがアメリカ大統領に就任した。ニクソンはハリー・トルーマン以来もっともイスラエル寄りの大統領だった。側近としてユダヤ人のヘンリー・キッシンジャー大統領補佐官がついた。彼は自分がまずなによりもアメリカ人であると公言し、ユダヤ人だからこのようにふるまうべきと言われることを毛ぎらいしていたが、それでもゴルダ・メイアのパレスチナ人のテロ行為への糾弾には賛同した。一九六九年に入ってすぐ、彼女はホワイトハウスに招かれ軍事支援を要請し、好意的に受けいれられた。だからといって、彼女にはアメリカの寛大な支援がいつまでも続く保証はないことがわかっていた。イスラエルの安全はイスラエルの国民自身と国家を導く盤石のリーダーたちでになうことでしか保証されないのだ。国際社会でこの国の印象は下がったが、そんなことでは彼女の信念はまがらなかった。西欧諸国の多くの政府が、PLO（パレスチナ解放機構）の脅しやゆすりに屈して譲歩の姿勢をみせていたが、ゴルダ・メイアはまったくブレなかった。「われわれにとって彼らは英雄ではなく、依然として犯罪者である」

国外では、イスラエルの象徴となった女性首相はしだいに、偏屈ではないにしろ情け容赦のない人物と見られるようになった。海外メディアは彼女のことを冷徹な「鉄の女」[22]と書き、その強情がパレスチナ運動を激化させたと論評した。どうやらこの同じメディアも、有名な「黒い九月」[23]事件で、ヨルダン国内へ大量に流入してきたパレスチナ人を非常にきびしく抑圧したヨルダンのフセイン国王の過激なやり口のことは大目に見ているようだった。国際社会の首長たちは全体として、ゴルダの一歩もゆずらない性格や、イスラエルの権益が危ういと判断すれば、いっさいの対話を断つ態度を恐れていた。

国内政治ではゴルダ・メイアをとりまく事情は異なっていた。彼女は労働党の中で正統的な右寄りの派閥に属していた。国内では「鉄の女」よりむしろ、愛想のよい人物像が前面に出ることを了承していた。過去には子育てを必要以上に犠牲にして、よい母親にはなれなかったが、これからは模範的な祖母になろうとした。イスラエルの新聞記者の造語「キッチン・キャビネット［台所内閣］」なる場には彼女の思いやりがあふれた。これは首相の私邸で開かれる公式会議で、そこで翌日の閣議を準備し、重要な政策決定が下された。客人と政治論議をしながらも、熟練の策略家は完ぺきなホステスに変身し、客人たちを紅茶と手作りのクッキーでもてなすのだった。とはいうものの、制約の多い首相の仕事ゆえ、私生活はほとんどなく、彼女がもっとも長い時間をともにすごしたのは、生涯私設秘書として仕えた忠実なルーだった。

まだゴルダは気づいていなかったが、状況はその後悪化した。一九七三年一〇月六日、ヨム・キプール（贖罪の日）。この日にユダヤ人は、あらゆる活動を二四時間強停止する[24]のだが、それを狙ってエジプトとシリアの軍隊が奇襲攻撃をしかけた。ツァハルは熱狂したアラブ軍の襲撃を受ける。建国以来、初めてイスラエル国家存亡の危機が訪れた。ある意味で、この戦争は一九六七年の六日間戦争の報復ともいえた。戦況はかなりきびしく、メイア首相はアメリカに支援を求めた。ニクソンの指示どおり、アメリカは窮地におちいった同盟国に対し、戦車、弾薬、ミサイルや医療資材の救援物資をピストン輸送した。米空軍の複数の戦闘機も、イスラエル空軍基地をめざして飛んだ。しかし一〇日目にようやくシャロン[25]将軍が果敢にもスエズ運河上空で反撃に出て、形勢が逆転した。敗北の瀬戸際でツァハルが辛くも勝利したことは、国民の意識に長い間亡霊のようにのしかかった。イスラエルの人的被害は甚大で（二五〇〇人が戦没）、それ以前の戦争と対照的であった。

ぎりぎりで回避された敗戦に対して、世論は恨みと暴力をもって反応した。政府、とりわけゴルダ・メイアと国防相モーシェ・ダヤン——この頃には彼女もさすがに彼の能力を認めていた——の責任を追及する声があがった。当事者たちの責任を明らかにするための調査委員会が急遽組織された。数か月の調査後に出た結論で、メイアとダヤンは直接の責任はいっさい問われなかったが、二人の政治家としての威信はもう十分傷ついていた。メイア首相にとってそれは政権の終わり（一九七四年四月）を意味し、七六歳にして政界引退となった。彼女が最後に公衆の面前に姿を現したのは一九七七年九月、ちょうどエジプトのアンワル・アッ＝サダト大統領がイスラエルを電撃訪問した時だった。

苦い幕引きではあっただろうが、この女性闘士はとうの昔に幻想からさめていた。彼女は、恩知らずな世論が、彼女の過去の功績を簡単に忘れ去ることを知っていた。それにしても、一徹で意志の強いこの女性は、なんという道程を歩み、イスラエル国家の化身となって「建国の父祖」と肩をならべるまでになったことだろう！　なみはずれた意志とねばり強さのおかげで、あの少女「ゴルディ」はみずからの地位を勝ちとることになった。たしかに彼女への批判——あまりにも堅苦しく、あまりにも偏狭で、シオニズムの原則に固執しすぎる——はあった。だがそんなことで行動を変えるようなゴルダではなかった。結局のところ、この強情とこの激しい気性——本人が実際以上に誇張していたと思われる——とが、男性がすべてを決定する世界を女性がたった一人でわたり歩くために、必要不可欠な条件ではなかったか。いずれにしても、人生の黄昏どきを迎えたゴルダ・メイアの心を動かすものは何もなかった。これほど長年の波乱万丈な年月を、彼女はみずからがイスラエルの砦となり、その声とその姿で、誕生したばかりの国家イスラエルが存在し続け、なにがあろうとも世界にその存在が認められるべきであるという固い決意を示し続けたのだった。

◆原注

1　一九一七年一一月、当時のイギリス外相アーサー・バルフォアが、友人ヴァイツマンにそそのかされて、パレスチナにユダヤ人の「ナショナル・ホーム（民族的郷土）」を約束すると公式に宣言し、署名していた。
2　文字通りの意味は「イスラエルの地」である。
3　時がたつにつれて夫妻の別居は決定的になり、一九五一年にモリスが亡くなるまで続いた。だが、子どもが二人いた夫婦は最後まで離婚はしなかった。
4　その間、モーシェ・シェルトクは名字をモーシェ・シャレットに変更している。
5　ラケル・ヤナイト（一八八六〜一九七九）は作家でありシオニズム活動家で、イスラエル初代大統領イツハク・ベン＝ツヴィの妻だった。左派シオニズムの顔であったエイダ・マイモン＝フィシュマン（一八九三〜一九七三）はヒスタドルートの執行委員会に女性として初めてくわわった。作家でシオニズム運動を文化面で支えたラケル・カッツネルソン（一八八五〜一九七五）はイスラエル三代目大統領ザルマン・シャザルの妻。
6　一八八六年にロシア帝国領ポーランド中心部のプロニスクにダヴィド・グリュンとして生まれたベン＝グリオン（ヘブライ語で「ライオンの子」の意）は、早くも一九〇六年に移民としてパレスチナにわたった。一九三〇年代以降、シオニズム運動の中心的人物となり、その後イスラエル首相を一九四八〜一九五三年、ついで一九五五〜一九六三年までつとめた。
7　パレスチナに最初にできたユダヤ人共同体。
8　戦後、オスマン帝国の滅亡に伴い、国際連盟はイギリスにパレスチナとイラクの統治を、フランスにレバノンとシリアの統治を委任した。
9　三つの白書が一九二二年、一九三〇年、ついで一九三九年に発行された。いずれも、ユダヤ人移民の削減とユダヤ人の独立国家の否定という論旨にそうものである。
10　第一次世界大戦時のユダヤ軍創設者の一人であるエリヤフ・ゴロムは、一九二〇年代初頭のハガナー（またはユダヤ人自衛隊）の創立に参加した。一九四五年に五二歳で死去するまでに、将来のユダヤ国家の軍隊の基礎を作った。
11　ゴルダ・メイアが自伝の中で明かした発言。
12　署名したもう一人の女性はラケル・コーエン・カガンという。
13　マパイ党は一九六八年にイスラエル労働党に吸収されるまで、三〇年近く権力をにぎっていた。
14　一九五一年末で六八万五千人弱であった。
15　ユダヤ教正統派の諸政党の同盟。
16　モーシェ・ダヤンは当時ツァハル（イスラエル国防軍）の参謀総長だった。一方、シモン・ペレスは国防省の事務局長をつとめていた。
17　一九五四年一月から一九五五年二月まで国防相をつとめたピンハス・ラヴォン（一九〇四〜一九七六）はイスラエルのスパイ工作スキャンダルの責任を問われ辞職に追い込まれた。一九六〇年代初め、ラヴォンはみずからの復権をかけ、ベン＝グリオンと激しく衝突した。
18　ベン＝グリオンは一九五四年一月から一九五五年一一月まで、一時的に政界から身を引いていた。
19　一九五六年七月の「スエズ動乱」に続いて勃発したこの戦役は、モーシェ・ダヤンを国民的英雄に仕立てあげた。
20　シモン・ペレスはようやく一九七〇年九月に初入閣した。

21　一九六七年六月五日から一〇日にかけてツァハルはエジプト、ヨルダン、シリアの軍勢を壊滅させた。
22　この表現がマーガレット・サッチャーに用いられる以前のことであった。
23　一九七〇年九月、ヨルダン軍の攻撃で粉砕されたパレスチナの指導者と活動家たちはレバノンまで後退し、たちまち同国に混乱を招いた。
24　ヨム・キプール、「贖罪の日」とはユダヤ教でもっとも重要な祝日。この日にはユダヤ人は断食し、全活動を控えてひたすら祈りをささげる。
25　アリエル・シャロンは長い間ベン＝グリオンに擁護され、モーシェ・ダヤンから評価されたが、軍の幹部たちからは、その独断的な武勲と命令不服従によってきらわれた。ヨム・キプールの戦争直前、彼は政界に進出をはかった。ゴルダ・メイアと政権を取る労働党からは「リクード将軍」（リクードはイスラエルの右派勢力を結集して新たに結成された政党）の呼び名でよばれた。

＊参考文献

Burkett, Elinor, *Golda*, New York, HarperCollins, 2008.
Frischer, Dominique, *Golda Meir. La femme derrière la légende*, Paris, L'Archipel, 2015.
Klagsburn, Francine, *Lioness: Golda and the Nation of Israel*, New York, Schoken Books, 2017.
Martin, Ralph G., *Golda: Golda Meir, the Romantic Years*, New York, Scribner's Sons, 1988.
Meir, Golda, *Ma vie*, traduit de l'anglais par Georges Belmont et Hortense Chabrier, Paris, Robert Laffont, 1975.（ゴルダ・メイア、林弘子訳『ゴルダ・メイア回想録：運命への挑戦』評論社、一九八〇年）
Meir, Menahem, *My Mother, Golda Meir: A Son's Evocation of Life with Golda Meir*, Gettysburg, PA,

Arbor House Publishing Company, 1983.
Syrkin, Marie, *Golda Meir: A Woman with a Cause*, New York, Putnam's Sons, 1963 (rééd. sous le titre *Golda Meir Israel's Leader*, New York, Putnam's Sons, 1969).

15 インディラ・ガンディー（一九一七〜一九八四）

権力の呪い

フランソワ・ゴティエ

一九六六年一月二四日、インディラ・ガンディーは首相に就任した。女性首相となった時期はゴルダ・メイアより三年、マーガレット・サッチャーより一三年早かった。独立国となったインドの三代目にして初の女性首相となり「世界最大の民主主義国家」を統治した。在任期間は一九六六年から一九七七年まで、次いで一九八〇年から一九八四年までに及び、その間国にふりかかったさまざまな係争や脅威の解決につとめたが、任期の終わりまでにそれらを完全に収拾することはできなかった。

インディラはその在任中つねに尊敬を集め、これほどの権力をふるった女性はいなかった。というのも、アジア諸国において——とりわけインドでは——指導者の権限にはなんの制限もなかったからである。指導者のあてこすりの一言、見すかしたような一瞥、それとないおどし、それだけで、用心棒が不とどき者を始末する、と言われた。もっともそれは、用心棒が仕える主人を変えるまでの話だが。まさしくそれが起きたのは一九八四年一〇月三一日、二期目の任期のちょうど半ばで、ガンディー首相はシク教徒[1]のボディガードたちの手にかかり、残忍に暗殺された。

「なんだ、女の子か」

インディラ・ガンディーは一九一七年一一月一九日、インド北方のアラハバードの裕福な一家に生まれた。祖父のモティラル・ネルーはインド国民会議派[2]党首をつとめ、父ジャワーハルラール・ネルーは一九四七年に独立したインドの初代首相をつとめた。ジャワーハルラールは若い頃からおもにイギリスで――ハーロー校とイートン校（どちらもイギリスのエリートが通うパブリックスクール）――教育を受け、イギリス流の社会主義とフェビアン主義[3]への傾斜を深めたが、これがその後、彼が政権をとってからの経済、社会および軍事政策に多大な影響をあたえることになる。インディラの人格形成に最も大きな役割を果たしたのはまちがいなく父である。ジャワーハルラールはしかし、はじめは後継者に男の子を望んでいた。インディラの母までもが赤子を産んだとき「なんてこと、女の子だわ！」と叫んだほどだ。だからこそ、インディラは一生をかけて父に、彼女が後継者にふさわしい人物であることを証明しようと努力したし、あの強靭な性格を生んだ一つの原因はそこにあろう。

インディラはアーナンド・バーワン（「喜びの家」）の大邸宅で贅沢な少女時代を送った。全部で四二部屋もある屋敷にはインディラ専用の区画があり、そのほかテニスコート、屋内プール、円形馬場をととのえ、庭園は一〇ヘクタールの広さがあった！　だが、インディラの母カマラは父とは正反対に西洋の文化には終生なじまなかった。カシミールのバラモン階級出身で、つねにサリーをまとい ヒンドゥー教の典礼を守る母が娘に与えた影響は大きく、後にインディラは、無神論者だった父とは違い、ヒンドゥー教に関心を持つことになる。その生涯で数多くの寺院を訪ね、高名なグルの「ダルシャン」[4]を受ける機会もあった。

インディラの娘時代には、マハトマ[5]・ガンディーが一家の命運を大きく支配した。父ジャワーハルラールを庇護し、インドの独立時には（本命視されていたサルダール・パテールを外してまで）ジャワーハルラールを首相にさせるように国民会議派とイギリスに圧力をかけた。それより前になるが、インディラが五歳のときには、父と祖父がマハトマ・ガンディーの強い呼びかけに応えてイギリス製品の不買運動を決定した。アーナンド・バーワンの庭園でそれに賛同して大きなたき火をたき、祖父モティラルと父ジャワーハルラールがロンドンのサヴィル・ロウで仕立てた背広やカフス付きのワイシャツ、タック付きのズボン、マンチェスターの靴下まですべてを火の中に投げ込んだ！　インディラも胸が張り裂けそうな思いで大事にしていた人形を全部火にくべたが、一つだけは押し入れにそっと隠しておいた。だがマハトマが何度もアーナンド・バーワンを訪ねてくるうちに、うしろめたくなってついに隠しておいた人形を豪邸のテラスで燃やした（後に彼女は「それ以来、わたしはマッチが苦手になりました」と言うことになる）。

インドがイギリスに抱く拒絶反応を理解するためには、インド亜大陸が一時期多くのヨーロッパ諸国（フランスも含めて）の植民地になっていたこと、しかし［一八世紀に］イギリスは［当時フランス領の］ポンディシェリ知事だった優秀なデュプレクスの率いるフランス軍を打ち負かし、最終的には優勢になったことを思い起こす必要がある。イギリスは宗主国として一八五八年から一九四七年までインドを統治した。二〇世紀前半にはインドの状況が悪化の一途をたどり、イギリスへの非難がうずまいた。自国の産業革命を支えるため、そして二度の世界大戦を戦うために、イギリスがインド国内の原材料を根こそぎ搾取し、多くの飢饉を引き起こしたためである。

だから一九二〇年代はインディラの人生が決する時期となった。おそらくこの時期にインディラは民族主義者になり、占領国との闘いを始めたと思われる。一九三〇年には早くも、「インドゥ」は若者を集めて団体を作り「ヴァルセナ」[6]と名づけた。その役目は革命闘士に郵便を配達したり、非合法のビラを配ったり、アラハバードの国民会議派のメンバーに、イギリスが家宅捜索にやってくることを知らせる、などであった。インド風の上着にゆるめのズボン、頭にはガンディー風の帽子をかぶったインディラはまだ一三歳だったが、すでにその表情はきびしく、めったに笑わなかった。

「インドゥ坊ちゃま」

インディラが初めてヨーロッパに行ったのは一九二六年のこと、母が結核と診断され、治療のために一家はスイスに滞在した。この転居がインディラの生活を大きく変えることになった。まず、宮殿のような広大な屋敷からジュネーヴの小さなアパートへ引っ越した。そして、それまで部屋の掃除係やら衣服の洗濯係、はてはトイレへの付添係まで大勢の使用人に囲まれていた生活は一変し、一日に数時間しか来ないマルグリットというたった一人の世話係の女性だけで我慢せざるを得なかった。そのうえ、この世話係は英語を話さなかったので、インディラがフランス語を習得しなければならなかった。ジャワーハルラールはその後、娘をローザンヌ近郊のベーにある名門校エコール・ヌーヴェルに入学させた。ここで彼女は厳格ではあるけれども知力も体力も鍛えられる豊かな教育を受けた。後に彼女はこう述べた。

「校長のエメルラン先生が私を受け入れてくださり、真冬でも冷水のシャワーを浴びること、朝にはジョギングをすることを厳命し、また偉大な作家たちの作品を精読するようにお命じになりました」

一九二七年にはフランス語がじょうずに話せるようになっていたインディラは、父とともにパリに行き、チャールズ・リンドバーグ飛行士が単独で大西洋横断飛行を終えてル・ブルジェ空港に凱旋帰航するのを見とどけた。

同年、ネルー一家は、母カマラの病状が改善したためインドに戻った。しばらくして一九三〇年三月に、アラハバードのアーウィン・ブリティッシュ・スクールの前で、インディラは未来の夫、フェローズ・ガンディー――マハトマ・ガンディーとの血縁はない――と偶然に出会う。その時彼女は母や国民会議派の女性闘士たちと「ダルナ」（非暴力のストライキ）をおこなっていた。当時一八歳だったフェローズは国民会議派の独立運動にあまり関心がなかった。パールシー［インドに住むゾロアスター教の信者］だったからだ。彼は、イスラム勢力がイランに広がりはじめた頃にインドへ逃れた、ザラスシュトラを崇拝するペルシア人のゾロアスター教徒の出身だった。大学生だったフェローズは面白半分にストを眺めていたのだが、その時突然カマラが熱中症で意識を失ったのを見て、救護にかけつけた。ネルー一家と近づきになって、フェローズはしだいにインディラに愛情を感じるようになり、一九三三年に結婚の申し込みを母に願い出た。しかし母は、娘がまだ若すぎるという理由で拒絶した（その時インディラはまだ一六歳だった）。

一九三五年、獄中のジャワーハルラールを残し、インディラと母は二度目のヨーロッパへの旅に出た。まずベルリンでカマラが手術を受けた。その後スイスのローザンヌに近いバーデンヴァイレルの有名なサナトリウムへ向かった。インディラは懐かしの母校エコール・ヌーヴェルに編入して、フランス語に磨きをかけた。残念なことに母の病は癒えることなく一九三六年二月に亡くなった。枕元で看取ったのはフェローズとインディラ、そしてデヘラードゥーンの監獄に収監中で、一時渡航をイギリスから許可された父のジャワーハルラールだった。インディラはいったんインドに戻ったが、父のはからいでイギリスにわたりオックスフォード大学で学んだ。三年近くをそこですごし、卒業試験に二度失敗した。ラテン語の成績がふるわなかったためである。

そのころインディラはロンドンで、やはり留学中（ロンドン・スクール・オヴ・エコノミクス）だったフェローズとよく二人だけで会うようになった。ジャワーハルラールの監視がいきとどかないところで、今度は彼女の方からしだいにフェローズに夢中になった。フェローズはかなりずんぐりした小男だが、インディラはどちらかというと男っぽい体型で（そのせいで子どもの頃は「インドゥ坊ちゃま」というあだ名をつけられた）腰は細く胸も小さかった。フェローズは青春のエネルギーにあふれ、もう女性関係もいろいろ経験して世間を知っていたが、インディラはうぶで引っ込み思案な少女だった。一九四二年三月二六日、二人はアーナンド・バーワンでネルー、ガンディー両家の立会いの下、結婚式をあげた。式はヒンドゥー教にのっとってとりおこなわれ、サンスクリット語のマントラが読み上げられた。カップルには二人の子どもが誕生した。ラジーヴは一九四四年八月生まれ、サンジャイが一九四六年一二月生まれである。だが、ロンドンでの大恋愛とカシミールで味わったハネムーンの仲むつまじさは早々に色あせていった。第二子が生れるとすぐに、フェローズの浮気が始まったからだ。インディラはたいへんつらい思いをした。

一九四六年、インディラは身の危険もかえりみず政治の世界に飛びこむ。当時、インドの独立運動は最高の盛り上がりを見せ、イギリスは第二次世界大戦で傷つき国が弱体化して、連合王国の再建に集中するためにインドを手放すことを決定した。ジャワーハルラールはマハトマ・ガンディーの勧めや、最後のインド総督となったマウントバッテン卿の激励を受けて、政権への準備を始めるが、それには娘の力が必要だった。一九四七年八月一五日、彼は独立国となった新生インドの首相となり、インディラは当時フェローズが住んでいたラクナウを離れ、デリーのティーン・ムルティ通りの瀟洒な邸宅に父と息子たちと移り住んだ。若いインディラが権力やその約束事について学んだのはこの頃である。首相の外国公式訪問に同行したばかりでなく、インドを訪れた外国の元首たちをもてなすホステス役も果たした。

父ジャワーハルラールは婿の不貞に気づいていたが、一家の生活を支えるだけの働きはしてほしいと願った。そこで、フェローズを国民会議派の新聞『ナショナル・ヘラルド』の主筆に昇進させた。

この頃にはフェローズは政治に関心を示すようになっていた。イギリスに留学中、マジュリスという革命グループに参加したためだった。そのためネルーは彼を同時にウッタル・プラデーシュ州の議員候補者にも指名した。一九五二年の選挙期間中、インディラが夫の選挙応援をしたため、夫はやすやすと当選した。そこでフェローズもデリーの首相官邸に越してきたが、そこが気に入らず、結局インド政府が用意したバンガロー式平屋に住むことになった。一九五三年四月、インディラは夫をともなわず二人の子どもをつれてイギリスに飛び、エリザベス二世の戴冠式に参列した。彼女の体調は母の虚弱体質を受け継いでつねにすぐれなかった。

一九五五年、彼女は意に反して、インド国民会議派全国委員会の委員に指名された。古い体質の国民会議派の長老グループは、彼女なら簡単にあやつれるとあまく見ていた。彼らの思惑ははずれ、委員になるや彼女の健康は回復したようで、体重が増して体つきが丸みを帯び、顔色もよくなった。父はしだいに娘を頼りにするようになった。決断のたびごとにかならず娘の意見を聞くようになり、一九五七年の二度目の連邦議会選挙のときには、いくつかの州にインディラを派遣して探りを入れさせることまでした。その結果は、ふたたび国民会議派のねらいどおりの勝利になった。一九五九年、インディラの国民会議派総裁への就任は必然の流れだった。もっとも父はインドの政界がどれほど困難で、どれほど腐敗しきっているかを知る立場にいただけに、娘の就任には反対したのだが。

それと並行して、フェローズはたくさんの浮気相手の存在を隠そうともしなくなり、ジャワーハルラールはこの上なく胸を痛めたのだが、インディラはまったく意に介していないようだった。一九六〇年九月八日、インディラが選挙後の遊説を終えて帰宅すると、当時四八歳だった夫が重い心臓発作で倒れたと知らされた。その晩遅く、妻への言葉を最後にフェローズは息絶えた。どんなことがあっても夫に最後まで強く愛情をそそいだインディラは強い衝撃を受けた。

心ならずも権力の座へ

一九六二年、チベットから侵攻してきた中国と対戦したインドが屈辱的な敗戦を喫すると、[7]ネルーの健康状態が悪化した。二年後の一九六四年五月二七日、娘のインディラが看取る中ネルーは亡くなった。すぐに国民会議派のリーダーたちが彼女に父の跡を継ぐように迫ったが、父の死からまだ立ちなおれない彼女は就任を拒否した。そのため、大物とはいえないラール・バハードゥル・シャーストリーという男が一九六四年六月に首相になった。彼はすぐにインディラに閣僚のポストを示したが、彼女にはその資格がなかった。当時の閣僚の必須条件である連邦議会下院（ローク・サバー）議員でなかったからである。かまうものか、とばかり、シャーストリーは彼女を上院議員に指名して難題をクリアし、政権にひきずりこんだ。インディラがあたえられた情報相の地位に満足していたのは最初のうちだけで、じきにもっと重要なポストについて、見下してきた首相に堂々と反論したいと願うようになった。一九六六年一月三日、首相が心臓発作で亡くなると、国民会議派の七人のリーダーが首相の座を争うことになった。しかし最終的に選ばれたのはネルーの娘、インディラで、この時もまた、女性なら簡単にいうことを聞くだろうと思われたからだ。こうして一九六六年一月二四日、インディラは首相に就任した。スリランカのシリマヴォ・バンダラナイケ[8]についで世界で二人目の女性首相であった。一九六七年一一月一二日、彼女が党から除名されて、インディラと国民会議派の長老たちの確執が明らかになった。首相の座を降りたくないインディラは、会議派R（Rは「請求」の頭文字）という新会派を結成した。それに対し守旧派は会議派O（Oは「組織」の頭文字）を作って分裂した。風向きの変化に敏感な一〇〇人ほどの議員が彼女の側にまわったため、彼女は堂々と勝利をおさめた。この力業が海外の目にとまらないはずがなく、一九六七年一二月の『ニューヨーク・タイムズ』は記事の中で彼女を絶賛した。

「彼女は勇気ある、傑出した人物であることを世界に知らしめただけでなく、驚くべき策略家であることも示した。さすがに女性で首相をつとめるだけのことはある！」

それ以来、インディラは邪魔になりそうな者をすべて排除し、身のまわりを側近——ほとんどが男性——で固め、ほぼ盤石な政権を作り上げた。一九七一年の総選挙の際、インディラは国中をめぐって二〇〇〇万人の国民を前に四一〇回の演説をした。聴衆の中には数十キロの道のりをはるばる歩いて、新生インドを代表する女性を一目見ようと集ってきた者もいた。彼女の国民会議派は最終的に全五一八議席の三分の二にあたる三五二議席を獲得し、政敵をことごとく打ち破った。それ以来、インディラの信奉者だけでなく閣僚の中からも、彼女の足に触れて[9]尊敬の意を表わす者が出はじめ、彼女は一つのシンボルにまつりあげられていく。

鉄の女

鉄の女、インディラが、政治だけではなく、軍隊のトップとしてやむなく指揮をとる局面が訪れた。その辣腕ぶりを第三次印パ戦争が証明した。発端はイギリスの望んだ、それもまったく常軌を逸したインド連邦の分割案だった。一九四七年、インド・ムスリム同盟総裁のムハンマド・ジンナーからの圧力を受けて、イギリスはインドと分離してイスラム教徒の国を作ることを承諾し、その国をパキスタン（「清浄な国」の意）と呼ぶことにした。すなわち、北部インドでイスラム教徒が多数をしめる州、とくにパンジャーブ州とシンド州を切り離して西パキスタンとした。しかしこれには問題があった。東方のベンガル州にも大きなイスラム教徒の地域があり、これを東パキスタンとすれば、東西パキスタンはインド領土をはさんでじつに二〇〇〇キロ近くも隔たっている。一九七一年当時、東パキスタンのベンガル州は、人口の四〇パーセントがヒンドゥー教徒で、パンジャーブ系パキスタン人から軽蔑されしばしば排除されていた。そのため東パキスタンは反発を強め、自治権の拡大を要求した。これをパキスタン中央政府は容赦なく鎮圧し、二〇世紀でもまれにみる大虐殺の一つに発展した。一九七一年、ベンガル出身ではない者が多数を占めていたパキスタン兵たちが、一〇〇万人以上のヒンドゥー教徒のベンガル人を殺戮した。

東パキスタンからの難民がインドに大量に流入して、インドは混乱し苦境におちいった。一説には数か月の間に一千万人もが押しよせたとされ、もともと脆弱なインド経済には大きな負担となった。

アメリカまでもが口をはさんできた。アメリカのヘンリー・キッシンジャー大統領補佐官は、あの世界を驚かせたニクソンの毛沢東訪問の道筋をつけに北京へおもむく途中、インディラに、印パ戦争という事態になればアメリカはインドを支持しないと釘をさした。父のネルーも娘のインディラも指向したソ連への接近政策の帰結として、インディラが一九七一年にソ連と印ソ平和友好協力条約を締結したことへの制裁であることは明らかだった。東パキスタンはかまわず独立を宣言し、新しい国家を「ベンガル人の国」を意味するバングラデシュと名づけた。指導者のシェイク・ムジブル・ラフマンはパキスタンの独裁的なヤヒヤ・ハーン軍事政権によって逮捕、収監された。

一九七一年一二月三日、ガンディー首相はコルカタで五〇万の群衆を前に演説した。

「わたしたちは平和を希求していますが、もし戦争をしかけられたら戦いぬきます」

この時、パキスタン空軍がインドの軍事基地を爆撃した。インディラはただちに、ミグ戦闘機の飛行中隊に護衛されて空路デリーに戻った。一二月六日、首相は国会で、インドがバングラデシュを承認すること、インド軍がパキスタン軍と対決するバングラデシュ独立派の解放軍、ムクチ＝バヒニに合流したことを宣言した。一二月九日、ニクソンはインド洋に米海軍原子力空母エンタープライズに先導された米海軍の艦隊を送り、パキスタン軍の支援にまわる。鉄の女、インディラはたじろぐことなく、軍の最高司令官マネクショーに東パキスタンの首都ダッカを米軍の到着前に接収するように命じた。アメリカ大統領は公然と「インドのパキスタン侵攻」を非難し、インディラはそれに長文の外交書簡で答え、なおいっそうニクソンをいらだたせる結果となった。ニクソンがキッシンジャーとの会話で彼女を「あのあばずれめ」とよんだ音声が録音に残っている。

一四日間でインドはパキスタン軍を撃破し、ついに一二月一六日、米艦隊到着の直前にダッカに着いた。一〇万人近くを捕虜にし、インディラは議員たちの熱狂うずまく国会で、インド軍の勝利を宣言した。将軍たちはインディラをせきたてて、西パキスタンにまで侵攻を続け、主要な都市であるラホール、カラチおよびラワルピンディを接収するように迫った。だが首席補佐官のパラメシュワル・ナラヤン・ハスカルらインディラの側近は、彼女を思いとどまらせ、ただちに停戦するよう説得した。中国に屈辱的な敗戦を喫してから一〇年がたち、インドは昂然と胸を張り、傲慢にほえるようになった。インディラ・ガンディーはこの時からすべてのインド国民のヒロインとなり、一九七一年実施のギャロップ調査では世界でもっとも称賛をあびる女性に選ばれたのだった。

この事件を境に、インドにはしだいに元の生活が戻ってきた。インディラは仕事の鬼になり、一日のうちほぼ一六時間を国政に費やした。朝六時に起床すると、まずヨガを二〇分、それからシャワーを浴び、五分で身支度を整える。「こんな短い時間で着替えができる人はほとんどいないわ」と自慢したものだ。つぎに、質素な朝食をとりながら新聞に目をとおす。八時きっかりに秘書と腰を下ろし、その日の会合やスケジュールを打ち合わせる。その後、インディラはまるでマハラジャか往年のムガル帝国の皇帝のように、「ダルシャン」の機会をあたえる。アクバル通りにある第一執務室の庭で、彼女と話をしたいと願うすべての人たちと面会した（労働者、女性、外国人であろうと、どんな人にも会った）。当時のインドではセキュリティ・チェックは最低限で、面会を希望する者は首相の下級秘書の一人に前日までに申し込めばお目どおりがかなった。一〇時にはオフィスに戻って一三時頃まで執務、それから自邸に戻って軽いランチをとる。午後に来客や国会での公務をこなした後、夕方には家族で一緒に夕飯をとる。その後は午前零時か、しばしばそれを越えてまで、書類の処理や側近との打ち合わせについやした。

非常事態へ

国の東部地域をバングラデシュとして失ったパキスタンで新たに首相となったズルフィカール・アリ・ブットーは、インドがパキスタンより人口でも軍事面でも圧倒的に優位に立つことを自覚していて、あらゆる手段を講じて原爆を保有する意向を表明した。そのためにパキスタンの諜報機関はオランダのウラン濃縮工場で働いていた原子力の技術者アブドゥル・カディール・ハーンに接触し、プラントの設計図を盗むよう説得した。この技術盗用によってパキスタンはウランの自国生産が可能になり、「イスラム核爆弾[11]」開発への第一歩を踏み出した。このことを聞きつけたインディラは、インドも核兵器を保有すべきだと確信するにいたる。一九七四年五月一八日、インドは極秘裏に地下でミサイル発射実験を実施した。この時使用されたプルトニウムはカナダが提供した原子炉で産出されたものだった。かくしてインドは世界で六番目の核保有国となった。アメリカからも、欧州の特定の国からも批判が相次いだ。批判に答えてインディラはインド議会で冷静に語った。

「いかなる技術も、それ自体は邪悪なものではありません。その性格を決めるのは、その技術をどのように使用するかにかかっています。インドは、核に関してもアパルトヘイトに屈することはありません」

しかし核開発の成功にうかれていた時間はすぐに終わり、首相周辺には暗雲がたちこめた。インドでは農作物の作柄はモンスーンの雨量に大きく左右されるが、一九七四年から二度の干ばつに襲われ、一部の人民が暴動を起こした。また、一九七五年にはやり手の政治家ジョージ・フェルナンデス率いる強力な鉄道組合が全国でストを展開した。そして一九七五年六月には、インド最高裁がウッタル・プラデーシュ州のラーエ・バレリの補欠選挙について、インディラが民主的に議席を勝ちとったにもかかわらず、当選を無効とした。これら国内の諸問題をつきつけられた彼女は態度を硬化させた。一九七五年六月二五日、インド共産党（それ以前の選挙でインディラは共産党と同盟関係を結んでいた）と国民会議派の多数の支持をえて、非常事態宣言を発して組合を封じこめ、報道の自由を奪い、それとともに予定されていた選挙を延期した。インディラの政治的人生の中でもっとも暗いエピソードであろう。

たしかに、インディラのとった政策がよい相乗効果をあげたことはいなめない。たとえば電車の運行は以前なら一二時間遅れということもしばしばであったが、定刻に走るようになった。闇の為替相場ではドルもフランも公的レートに比べ二倍近くもしていたが、ほぼ完全に姿を消した。インドの官僚と言えば怠慢と腐敗で知られていたが、態度をあらため一から出なおした。不振をきわめていた経済もようやく回復してきた。しかし、まだまだ権力の濫用が随所に見られた。政府の権威主義的なやり方が幅をきかせ、役人はその上にあぐらをかいていた。インディラ・ガンディーはすべての権限を一手に握り、司法手続きを無視した。単刀直入にいって、警察は組合員、ジャーナリスト、政治家の半数を刑務所に収容し、インディラはそれに暗黙の承認をあたえた。人権蹂躙のもう一つの例として、インドの人口過密を解消するため、当時国民会議派の青年局長だった息子サンジャイは、インド国民に不妊処置を施そうとした。初めは経済的な特典をつけたが（自発的に不妊手術に応じた男性にも女性にも、見返りとしてトランジスターラジオをプレゼント）、のちには強制的に不妊手術を受けさせようとした。

失脚、そして政権復帰

サンジャイは父親の性格を良くも悪くも受け継いだため、インディラは息子の行動をすべて許したのだろう。それが大きなまちがいだった。この息子の職権乱用が増長し、ついには閣僚たちに対して母より大きな権限を持ち、母になんの相談もなく息子が事実上あらゆる決定を下すようになって、そのつけがあとにまわってくる。当時『ワシントン・ポスト』の特派員だったルイス・シモンズは、とあるディナーの席で、サンジャイが母に二度も平手打ちをくらわせたところを見たとまで報告した。嘘かまことか、ほんとうのことはだれにもわからない。一九七七年一月一八日、息子の暴走を危ういと感じはじめていたインディラは、連邦議会選挙を三月に実施すると発表した。みずからの人気とガンディーのネームバリューで十分勝てると読んでのことだった。まもなく彼女は遊説を開始し、インドの二二州をくまなくまわった。だが、聴衆は以前の選挙ほど熱狂的ではなかった。そのうえ、インディラは体調がすぐれずしばしば発熱した。風向きの変化を感じた国民会議派のリーダーたちの多くが党を離れ、反対勢力に転じた。

一九七七年三月一六日、二億人のインド人が票を投じ、これは二〇世紀に実施された民主的な選挙でもっとも投票者数の多い選挙となった。インディラは有力視されていたラーエ・バレリで議席を失い、国民会議派は完敗した。熟考し、家族と話し合った結果、インディラは朝の四時にインド大統領を訪ね、非常事態宣言の撤廃を要請し、首相を辞職した。五九歳になったばかりだった。一三年間を過ごした首相官邸を立ちのくはめになり、インディラには住むところすらなくなった。彼女が育ったアーナンド・バーワンの豪邸は、首相在任中に博物館になっていた。一人の友人がデリーにある家を貸してくれることになり、インディラは息子たちとそれぞれの妻、そして二人の孫と移り住んだ。側近たちはみなあわただしく去り、残ったのは秘書たった一人だった。金もほとんどなく、ラジーヴの妻ソニアが買物、料理、掃除まで引き受けた。この状況を見ればインディラ本人が私腹を肥やしていたと非難することはできない。

一九七七年から首相の座についたモラルジ・デーサーイーはジャナタ党（人民党）［反インディラ・ガンディーを旗印に一九七七年総選挙前に急遽結成された政党で、総選挙で過半数を上まわり圧勝した］出身で、インディラを標的にして魔女狩りにのりだした。電話は盗聴され、夜も昼も諜報員に行動を監視され、家族全員のパスポートは取り上げられた。新聞は彼女を執拗に攻撃し、権力を失った後に出版された評伝は彼女を女悪魔扱いした。非常事態宣言乱発の責任を問う司法委員会まで創設され、一九七七年一〇月三日、彼女は逮捕され、警察の護送車に乗せられた。待ちかまえていた報道関係者たちが撮影したのは、手錠をかけられ、まっすぐにレンズを見つめる、黒髪にトレードマークの一筋の白いメッシュが入った彼女の姿だった。この写真は全世界をかけめぐり、世界中から彼女に同情が寄せられた。ほどなく釈放されると、インディラは早速インド全国の周遊を開始した。まるで選挙遊説のようだった。彼女は国民会議派で男性優位の運営を進める大御所たちを許すことができず、旧態依然の党をふたたび二つに分割した。側近とともに会議派Ｉ（Ｉはインディラの頭文字）を結成し、復帰に向け積極的に準備をはじめた。

モラルジ・デーサーイーはインディラの再投獄は不可能でも、サンジャイならより確実に訴追できると判断し、彼を一九七八年の初頭に投獄した。だが分裂をくりかえすインド政党のごたぶんにもれず、インディラの対抗勢力側は分裂し、デーサーイー首相の地位が危うくなってきた。一九七九年七月一五日に議会が解散、大統領は総選挙に訴えた。インディラの準備は万全だった。みずからが立候補した選挙区での二議席獲得——インド憲法では認められる——だけでなく、自ら率いる会議派Ｉは全議席の三分の二を占め、議会で絶対多数となった。一九八〇年一月一四日、鉄の女は世界最大の民主主義国家の首相に三度《みたび》選ばれた。息子のサンジャイも、母と同様に民主的なプロセスで再選され、母と一家全員はティーン・ムルティ通りの元の邸宅にふたたび入居したのだった。

シク教徒の蜂起

首相にふたたび就任して最初の数か月は平和に過ぎた。インディラのもう一人の嫁、マネカは男の子を出産し、赤子は祖父の名前をもらいフェローズと名づけられた。しかし一九八〇年六月二三日、曲芸飛行士として名をはせたサンジャイ・ガンディーが愛機ピッツS‐2Aを操縦中に墜落して亡くなった。遺体の損傷が激しく、最後のダルシャンの機会を設けるために外科医が傷口を縫合するのに六時間もかかった。数々の職権乱用を犯した息子であっても、サンジャイをだれよりもかわいがった母インディラにとって、これは大きな痛手だった。

息子の死後もインディラは首相のつとめを続けたものの、しだいに無口になり孤立していった。もう一人の息子ラジーヴとその妻ソニアしか信頼しなくなった。笑顔はいっさいなくなり、多くのチック症状にも悩まされた。目をたえずしばたたかせるようすは、テレビのインタビュー画面にも映し出された。インディラはラジーヴにネルー王朝を継がせようと圧力をかけただろうか？　たしかにそのつもりだった。なぜならラジーヴは政治に関心がなかったが、サンジャイが議員をつとめていたアメティ地区で立候補したのだから。ラジーヴは対立候補を圧倒し、一九八〇年八月一七日にインドの国会議員となった。

一九八〇年代の幕開けに六三歳のインディラは新しい問題に直面する。分離独立運動である。この問題はインドにたえず災難を生んできた。イギリス人が到来する以前からインドは多数の王国に分割され、互いにしばしば戦闘をくりひろげてきたからだ。シク教徒は数の上ではごく少数だったが、つねに大きな位置をしめていた。実際に、彼らは好戦的で戦闘の訓練を受けて過去にはイギリス軍の兵士となり、インド独立後の印パ戦争でもインド軍として戦った。ところが一九八〇年代になると彼らは非常に急進的になり、ジャルナイル・シン・ビンドランワレ（シク教原理主義のリーダー）に率いられた過激派が、シク教徒が多数暮らすパンジャーブ州の独立を要求した。

こうして一九八二年七月、ビンドランワレとその手下二〇〇人が武装してパンジャーブ州アムリトサルにあるシク教の聖地、黄金寺院を占拠した。それからほぼ二年間にわたって彼らはインド政府と対立を続けた。独立を宣言しただけでなく、政治家や、パンジャーブ州警察のナンバーツー、A・S・アトワルのような高級官僚を暗殺した。高度の政治的判断からインディラは長期間にわたって駆け引きを続けた。分離独立を主張するビンドランワレといく度も交渉を重ね、密使を送り、武力衝突を避ける努力をしたが、すべては失敗に終わった。黄金寺院にたてこもって独立を唱えるシク教徒たちを立ちのかせるために、ガンディー首相は一九八四年六月三日、ついに武力介入に踏み切り、「ブルー・スター作戦」を指揮した。ビンドランワレはこの際に殺され、三日後に作戦は終了した。四九五人のシク教戦闘員と八三人のインド軍兵士が命を落とした。しかし、長期間にわたった攻囲（二年近く）はインディラの忍耐強さを強く印象づけ、首相は武力に訴える事態をなんとしても避けようとした、という評価につながった。それに比べて、たとえば一九七九年一一月二〇日にメッカを占拠したイスラム原理主義勢力はわずか二週間の抵抗の後にサウディアラビア軍に鎮圧された。

作戦の実行後、シク教徒たちは、兵士たちが黄金寺院の襲撃のために戦車を投入した結果、シク教の最も神聖な聖域まで損傷したと鉄の女を糾弾した。それこそが彼女が殺害された最大の理由である。生き残った目撃者は口をそろえて、聖廟の構造を守るために最大限の注意が払われたと証言したが、シク教徒はこの暴挙を決して許さなかった。首相に迫る身の危険を感じた諜報機関は、インディラにシク教徒の警備員二人、ビーント・シンとサトワント・シンを解雇するように勧告したが、彼女はいつも彼らには全面的な信頼を寄せているからと、解雇をこばんだ。一九八四年一〇月三一日、朝の九時二〇分、インディラはオレンジ色のサリーをまとい、赤いバッグを手に、著名な俳優ピーター・ユスチノフ（彼はインディラの生涯についてドキュメント映画を製作していた）のインタビューを受けるために、自邸を出てすぐ横の平屋の建物に入った。ビーントが彼女の腹部にリボルバーを向け、三発発射した。地面に倒れた彼女めがけて、サトワントが機銃掃射を数発浴びせた。凶行に及んだ警備員はすぐに官邸の警護にあたる警護隊にとりかこまれた。ビーントはその場で射殺された。サトワントは重傷を負い、のちに絞首刑になる。インディラはお気に入りの嫁、ソニアにつきそわれデリーの大病院に運びこまれたが、手のほどこしようがなかった。国を率いた女性はソニアの膝の上で息絶えた。彼女のむごたらしい殺害が、さらなる災難をつぎつぎに招くことになる。事件から数か月後にシク教徒は迫害を受け、苛酷なジェノサイドを体験した。母の跡を継いで首相となったラジーヴもまた一九九一年に暗殺された。そして国民会議派の総裁となった嫁のソニアまでが、子宮がんに侵されるというカルマを背負った。

国家を率いて一生涯非凡な人生を送った女性の、実に悲劇的な最期であった。インディラ・ガンディーは孤独な子ども時代を送り、夫への報われぬ愛を体験し、全生涯を通じて道を切り開き、複雑怪奇なインド政界のトップの座まで上りつめた。何度か失墜したが、そのたびにまた起き上がり、頭を上げて、辣腕をふるったかつての権力の座をとりもどそうと努力した。間違いもたびたび犯したが、熱い愛国心を一度も失うことなく、インドを根本から改革してきた政治力を発揮して、排他的にまとまる世界の列強国グループに新興国インドを仲間入りさせようとつとめた。

◆原注

1　シク教徒はインドでは少数派（人口の三パーセント）である。教祖グル・ナーナクは最初の霊的リーダーで、イスラム教徒の侵略者から迫害されたヒンドゥー教徒を保護するためにシク教を創始した。シク教の信者は自分たちをヒンドゥー教徒と外見で区別するために、顔にひげを生やし、ターバンを着用する。

2　インド国民会議派は一八八五年、イギリス人アラン・オクタヴィアン・ヒュームが創設したインド最古の政党。マハトマ・ガンディーの指導により独立運動に積極的にかかわった。長期間、とくにインディラ・ガンディーとその息子ラジーヴの政権下で、インドの政治をになってきた。今日、党勢は弱まり、ヒンドゥー民族主義を唱えるインド人民党が凌駕しており、党首のナレンドラ・モディがそれ以来首相をつとめる。

3　フェビアン協会は一八八四年に創設され、古代ローマの将軍、クィントス・ファビウス・マクシムスにちなんで名づけられた。イギリス労働党の結成にかかわり、労働党からは数多くのイギリス首相を輩出している。

4 インドでは「ダルシャン」（サンスクリットで「見ること」の意）とは師の姿を、たとえ遠目からでも一目でもかいまみる瞬間のこと（寺院の中で聖職者が神像や女神像の覆いをはずす場合もある）。

5 マハトマとは「偉大なる魂」という意味で、霊的指導者たちにあたえられる尊称。

6 文字通りには「猿の旅団」を意味する。古代インドのヴェーダ朝の長大な叙事詩『ラーマーヤナ』にちなむ。

7 毛沢東は、インドがダライ・ラマとその追従者たちの亡命を受け入れたことを終生容認しなかった。一九六二年、それまでもヒマラヤ山脈にあるインド領のいくつかをみずからの土地と主張してきた中国は、インドを痛い目にあわせることを決めた。中国軍はアッサム平原まで南下して、国連が停戦を命じる事態となった。

8 シリマヴォ・バンダラナイケはスリランカの首相に三度選ばれた。一九六〇年～一九六五年、一九七〇年～一九七七年、そして一九九四年～二〇〇〇年である。

9 インドでは、母なる大地を踏む足先は神聖だと考えられている。そのため、グルや両親、祖父母に会う時は、尊敬の念を表わすためまず足先にふれる。この風習が、残念なことに政界でも受け継がれている。

10 パンジャーブ州出身者。

11 このように呼ばれるのは、イランも開発につとめているものの、いまだにイスラム国家が保有する唯一の「核爆弾」であるためである。

＊参考文献

Clément, Catherine, *Indu Boy*, Paris, Seuil, 2018.
Frank, Katherine, *The Life of Indira Nehru Gandhi*, New York, HarperCollins, 2002.

Jayakar, Pupul, *Indira Gandhi : A Biography*, Londres, Penguin Books, 1993.

La Borie, Guillemette de, *Indira Gandhi*, Paris Libretto, 2014.

Nehru, Jawaharlal, *Lettres d'un père à sa fille*, Londres, Puffin Books, 2004.（ジャワーハルラール・ネルー『父が子に語る世界歴史』新版 1〜8、大山聡訳、みすず書房、二〇〇二〜二〇〇三年）

Prasad, Sharada, *Indira Gandhi*, Londres, Puffin Books, 2013.

16 マーガレット・サッチャー（一九二五〜二〇一三年）

「鉄の女」と四銃士

エマニュエル・エシュト

西ヨーロッパ初の女性の政府首脳となったマーガレット・サッチャーは、民衆資本主義と、国民の多くが事業主もしくは株主として経済に積極的にかかわる国を夢見た。賛否両論あったとはいえ、三期続いた任期後にはイギリス経済は低迷から抜け出した。保守党を改革路線に転向させることに成功し、フォークランド紛争に勝利したことでイギリスのプライドを回復させた。今なお嫌われ、あるいは模範とされる彼女が支配した、ソ連崩壊とグローバリゼーションの到来が印象的な一九八〇年代は「サッチャーの一〇年」とよばれるほどだ。

「女を探せ！」。どんな事件の陰にも女性がいる、とアレクサンドル・デュマは言った。これに倣《なら》い、「男を探せ！」を合言葉として、「マギー」、「レディ・ディズレーリ［ディズレーリはヴィクトリア朝時代の保守党の政治家。首相として多くの社会改革をおこなった」」、「ミセス・T」などさまざまによばれたマーガレット・サッチャーに迫ることにしよう。西ヨーロッパ初の女性の政府首脳には、一人どころか四人の男性がいた。ピグマリオン［ギリシア神話の王の名前に由来し、教師の期待によって学習者の成績が向上する効果の名称にもなっている］役の父親、アルフレッド・ロバーツ（一八九二〜一九七〇年）。王配［女王の配偶者］役の夫、デニス・サッチャー（一九一五〜二〇〇三年）。メンター役の「サッチャリズム」の思想家、キース・ジョーゼフ（一九一八～一九九四年）。そして、「やんちゃ坊や」役の息子、マーク（一九五三年〜）。この面々が、さしずめ彼女の銃士たちということになるだろう。

一九七九年五月四日、イギリス首相マーガレット・サッチャーは、首相官邸であるダウニング街一〇番地に、夫を従えて到着した。トーリー党ともよばれる保守党の色であるロイヤルブルーのスーツに身をつつんだ彼女は、一分のすきもなく、輝いて見えた。彼女はちょうど記者たちの質問に答えようとしていた。その独特の話し方は、上の歯が下あごより前に出ているせいで発声に難があったためだった（それにしても、ドラマ・シリーズ「ザ・クラウン」で彼女を演じたジリアン・アンダーソンによるサッチャーの声色の模倣は秀逸だった）。新首相は次のように語った。

「まちがいなくすべては父のおかげです。そして、小さな町の質素な家庭で学んだことがまさに今回の選挙の勝因となったのです。そう思うと胸が熱くなります」

マーガレット・ロバーツは、姉のミュリエルに遅れること四年、一九二五年一〇月一三日に、イングランド北東部リンカンシャー州グランサムのノース・パレード通り一番地にある、父が営む食料雑貨店の二階で生まれた。レンガ造りの家は質素で、庭も給湯設備もなくトイレは外にあり、暮らしは快適とはほど遠かった。一家の主《あるじ》であるアルフレッド・ロバーツは靴職人の息子だった。学校の先生になるという夢をかなえるには、あまりにも貧しい少年時代だった。クリフォードという男から仕事を教わり、毎月受けとる一二ポンドのうち二ポンドを貯金して、二五歳で初めて自分の店をもった。それから、お針子をしていたひかえめな女性、ベアトリス・スティーヴンソンと結婚した。ベアトリスはのちに母として二人の娘に家事とピアノを教えるようになる。一九二三年、角ばった顔に丸眼鏡をかけ、やや外へ開いた耳をしたこの厳格な青年は、さらに感じのよい店を手に入れた。店のスローガンは、「ロバーツで買えば最高を手にする」だった。

当時の生活について、「マギー」はこう証言している。「わたしたちはメソジスト[1]だった。秩序、正確さ、厳格さを大切にしていた」

日曜説教師「メソジストの伝統である素人説教師」だった父は、娘が生涯守り続けることになる教え、すなわち誠実とたゆまぬ努力を叩き込んだ。たいへんな読書家で、独学で勉強し、教育と倹約に情熱を傾けた。商人として成功し、市議会議員から市長へ、またロータリー・クラブの会長からいくつもの団体のトップまで、地方の名士としての地位を築いていった。この父は娘に公的な責任をになう喜びを教えた。筋金入りの保守主義者でありながら、彼は自由貿易[2]の支持者でもあった。ヒトラーに対する宥和《ゆうわ》政策や世間の反ユダヤ主義に反対し（一家はのちにウィーンからユダヤ人の少女を引き取る）、政治と倫理を切り離すことはなかった。

マーガレットは勤勉な学生だった。努力の甲斐あって、オックスフォード大学のサマーヴィル・カレッジに奨学金を得て入学し、化学と文学というかけ離れた二つの学士号を得た。そこでは「エリート」たちからも――奨学生の席で昼食をとるのが彼女のつねだった――左翼の教師たちからも軽蔑の目を向けられた。マーガレットは生涯それを忘れない。研究に没頭し、プラスチックや接着剤についての発表をおこない、化学研究の道を行くことを運命づけられているかに見えた。しかし、早くから保守党で積極的に活動していた彼女には別の道が開けたのだ。一九五一年、ケント州ダートフォードから、初めて国会議員に立候補した。このときは落選したが、八年後には、ロンドン北部の郊外にあり富裕層が多く住むフィンチリー選挙区で当選を果たすことになる。当選までの期間には、税法専門の弁護士をめざして法律を学んだ。そしてなんといっても、人生で「最高の出来事のひとつ」を実現している。第二の男、デニスとの結婚である。デニスは彼女の「岩盤」だった。一九五三年には二卵性双生児を出産し、キャロルとマークと名づけられた。その後一九五九年一〇月に庶民院［下院に相当］議員になるまでは家庭を守ることに専念した。

銃士の交代――父から夫へ

アルフレッド・ロバーツがみずからのイメージどおりに娘を作り上げた父親だとすると、デニス・サッチャー（一九一五～二〇〇三年）はひかえめだが影響力のある「王配」だった。すらりと背が高く、その横顔はまるでサギのように首と嘴《くちばし》の長い水鳥が眼鏡をかけたように見えた。つねに礼儀正しく、妻より一〇歳年長で離婚経験のある彼は、小さな塗料会社の跡とりでありながら紳士の風格をそなえていた（のちに石油会社のバーマ・カストロールの経営者となる）。「G&T」（ジントニック）、ゴルフ、クリケット、そしてイギリス車をこよなく愛した。新聞をふくめて大の読書家で、経済や政治にも熱心だった。のちにサッチャー一家は、スコットランドにある王室の離宮バルモラル城で毎年決まった週末をすごすようになるが、都市部で育ったマギーがゴム長靴に居心地の悪い思いをする一方で、デニスはフィリップ殿下とまるで古くからのつきあいであるかのように意気投合する。二人とも元将校で（デニスは一九四三年にイタリア戦線で砲兵隊の大尉だった）、狩猟と馬を愛し、また人を挑発するのが好きなことも共通していた。デニスの場合は、ローデシアと南アフリカの白人政権をわざと擁護するという悪戯《いたずら》に興じた。両唇の先までイギリス人である彼には、うまい言葉が出てこないということがなかった。

仕事で多忙をきわめていた彼だが、自分が「ボス」とよび、「ウィンストン・チャーチル以来最高の首相」だと考えていた女性の政治的野心をつねに後押ししていた。一九五〇年代から六〇年代にかけて、このようなカップルはめずらしかった。その夫について、「レディ・ディズレーリ」は以下のように認めている。

「デニスがそばにいなかったら、一一年以上も首相をつとめることはできなかっただろう。彼は強い人格の持ち主で、何をすべきで何をすべきでないかについて、いつだってとてもはっきりした考えをもっていた」

マーガレットは着実に、そしてねばり強く権力の階段をのぼっていった。一九六一年には、ハロルド・マクミラン首相から年金を担当する官職の提示を受けた。この分野の問題に精通している彼女に同僚たちは感銘を受けた。一九六四年から一九七〇年までは、野党議員で構成される「影の内閣《シャドー・キャビネット》」

でいくつかのポストを経験した。政権に復帰した保守党党首エドワード・ヒースは彼女を教育科学大臣に任命した。経費節減の指令を文字通りに適用した彼女は、八歳から一一歳の子どもたちを対象に毎日実施されていた牛乳の無償配布を廃止した。このため、「ミルク泥棒《ミルク・スナッチャー》」というひどいあだ名が献上されたのだった。

ヒースの退陣にともない、一九七五年初頭に保守党は新しいリーダーを探すことになった。彼女はその闘いの舞台に名のり出た。当選の可能性を信じる者は皆無だったが、寸暇をおしんでキャンペーンをくりひろげた結果、第一回投票で勝利をおさめた。食料雑貨店の娘がイートン校出身《イートニアン》[3]の保守党員たちを押しのけたのだ。議会では、「ハードパンチャー」としての評判をえる。キャラハンの労働党政権をこき下ろすとともに、彼女はそこでパンチをくらってもたえしのぶ経験も積んだのである。

人々はしだいに、彼女の一世代遅れの風采に慣れていった。しっかりとセットされた髪、二連のパールのネックレス、イヤリング、ツイードのスーツ、柄物のブラウス、アクアスキュータムあるいはバーバリーのトレンチコート、意識的に使いこなしていたアスプレイ[4]のハンドバッグ、そして大きな帽子。魅惑と残虐の中間にある冷たい視線（「マリリン・モンローの口とカリグラ［ローマ帝国の皇帝］の眼差しをもつ」と、ミッテランは評した）。さらに、日中のチョコレートとビタミンB12、夜のウイスキー・ソーダ、そして毎日四時間の睡眠といった彼女の習慣にも、人は驚かなくなった。意志が強く高圧的で、能力主義を信奉する彼女は、被害者意識の強いフェミニストをきらった。この女性がいなければ、自由を求めて叫ぶポップ・ミュージックのグループ、スパイス・ガールズは存在しなかっただろう、とベストセラー『ノッティング・ヘル』［未邦訳］の著者でブレグジットのボリスの妹、レイチェル・ジョンソンは言う。

「不満の冬」（一九七八〜一九七九年）のあいだ、ストライキで麻痺したイギリスは無政府状態と失望におちいった。この国はヨーロッパの「病人」と化した。インフラは不十分、そして生産性も低迷した。作家のジョン・ル・カレが登場人物に「イギリスは来週の木曜日に崩壊する」、そして「だれもそれに気づかないだろう」と予言させたのもこの時期のことである。一九七九年五月三日、五三歳のマーガレット・サッチャーは選挙に勝利した。ダウニング街一〇番地に入る前に、アッシジの聖フランシスコの次の一節を引用している。

「不和があるところに調和をもたらすことができますように」

「思想の友」キース・ジョーゼフ

闘いを先導する立場になった彼女だが、ごくわずかしかいなかった友人たちに頼ることができた。なかでもキース・ジョーゼフ（一九一八〜一九九四年）は、彼女の人生における第三の男であり「思想の友」だった。思想的転換のきっかけをあたえてくれたこの恩人に、彼女はのちに回顧録をささげている。ロンドンのユダヤ系不動産王の息子だったジョーゼフは、ハロウ校とオックスフォードで法律を学んだが、どちらかといえばクリケットに熱中する若者だった。一九四三年、弁護士になったばかりだったが、砲兵隊の将校としてイタリア戦線に参加し重傷を負う。頭脳派だった彼は、当時まだ知られていなかったハイエクやフリードマン、そして戦後の新しい自由主義の[5]波を形成するドイツのオルド自由主義者たちの著作を読んだ。ジョーゼフは、イギリスを因習から脱却させる魔法の薬があると主張した。それはすなわち、公共部門の民営化、ふくれあがるインフレに対抗する金融引き締め政策、自由貿易の障壁の撤廃であった。一九六〇年代初めには、党の右派・改革派の柱の一人となった。また、「貧困と無知の悪循環」を断つために、国家は個人に平等な機会を提供するべきだと主張している。一九七四年、フリードリヒ・ハイエクがノーベル経済学賞を受賞した年に、他国の経済政策、とくに社会的市場経済について研究するシンクタンク「政策研究センター」を立ち上げた。そんな彼を保守党員たちは白い目で見た。そして九月五日、ランカシャー州プレストンで今や有名になった演説をおこない、その中で労働党と保守党のどちらの肩ももつことなく、両党は「介入主義の三〇年」によって結ばれていると断じたのである。

それからは、フィナンシャル・タイムズ［イギリスの経済紙］とタイムズ［イギリスの日刊紙］という影響力のある媒体に頼ることができるようになる。彼は保守党の救世主となるのだろうか？　だが、この男はあまりに率直で不器用だったために、[6]政治家としての立ち居振《たちいふ》る舞《ま》いに長《た》けていた「マギー」の後塵《こうじん》を拝《はい》することになる。そのマギーが政権を握ると、彼はだれもが予想していた財務大臣ではなく、産業大臣に任命された。しかし、適任とはいえないこのポストで、社会が爆発的な混乱におちいるのを回避せねばならず、のちに民営化される、穴の開いたバケツのような公共部門に公金をつぎこみつづけざるをえなくなる。そのつぎには教育省を率い、大学の学費を値上げする一方で助成金をふやして学部同士を競争させることを提案し、多くの批判をあびることになる。マギーはこう回想している。

「政治家として活動するには彼は優秀すぎた。だが、彼のようにすぐれた人物がいなければ政治はなりたたないだろう」

実際のところ、ジョーゼフは「陰の実力者[7]」に留まることを優先したのである。

政権の座についたマーガレット・サッチャーに自身の政策を実行する手立てはあるのだろうか？二二人の閣僚のうち、確固たる信念をもっているのはせいぜい五人ほどだった。最初の予算には、公務員採用の凍結、医薬品処方箋への課税、間接税の増額、為替管理の廃止などがもりこまれた。一年半後、すべてが不調におちいる。インフレ（二〇パーセント）、失業（一部の工業地帯では三〇パーセントに達した）、それに倒産件数が急増し、貿易収支はマイナスとなった。一九八一年四月には、黒人住民が多いロンドン南部のブリクストン地区で暴動が起きた。北アイルランド戦線では、ハンガーストライキ中のＩＲＡ[8]メンバーに政治犯の地位を認めなかったことから発展した国際世論の「騒動」に、内閣は対処しなければならなかった。「殺人を手段とする大義なんぞに同情するなどもってのほか」と彼女は答え、国内世論と政界の支持をえた。アイルランドの民族主義者ボビー・サンズが一九八一年五月五日に死亡し、その同志九人が後に続いた。マーガレット・サッチャーは暗殺の標的となった。一九八四年一〇月一二日、ブライトンのホテルでＩＲＡの爆弾によって五人が死亡したが、彼女は辛うじて助かった。保守党には迷いが生まれた。だが、マーガレット・サッチャーは動じなかった。「これしか道はない（There is no alternative.）」。これが彼女の信条であり、「ティナ（Tina）」というニックネームのもととなった。緊縮財政の荒療治は、その半年後にようやく最初の結果を出すことになる。「レディ・Ｔ」はあきらめることなく、公式の夕食会がある日以外は、朝から夜一一時まで休むまもなく執務室で働いた。午前二時まで、ソファに座って書類を子細に読み込んだ。仕事を人任せにできず、公務員たちのやる気を疑っていたように、閣僚たちも信用しなかった。最後にはデニスが、もう寝るようにと中断させるのがつねだった。睡眠は四時間でたりた。週末には、首相の郊外別邸であるチェッカーズで専門家たちと議論をかわした。ソビエト連邦、南アフリカといったテーマ別のセミナーもチェッカーズで開催した。休暇？　そんなものは「虚弱な人たち」のためにあるのよ、と彼女は切りすてた。

ダウニング街一〇番地の簡素な環境は居心地がよかった。「店の上の階に住むのが好きだった」と、回顧録でも、少女時代に住んでいた食料雑貨店にふれて書いている。昼食はサラダ、卵とベーコン、それにチーズを少しという簡単なものだった。助言者たちとの勉強会の夜にはみずから台所で軽食を用意した。

この家は、事務所として改修された別の建物とつながっており、そこでは八〇人のスタッフが働いていた。まず、個人執務室には、諜報機関出身者や財界人の中から信頼できる部下が集められていた。彼らの長所は忠誠心と口数の少なさだった。それから政策本部があり、こちらは政府の大局的な方向性を検討する役目をになっていた。そして、これらとは別に、非公式組織である効率化部門が行政機関の効率性評価を担当していた。

青天の霹靂だったフォークランド「奇襲」

　しかし、「マギー」の政治面での救済がもたらされるのは、この緊密に連携した官邸のチームからではなく、南大西洋の真ん中からだった。一九八二年四月二日、「レディ・T」は、フォークランド諸島[9]が、アルゼンチンの軍事政権トップでもあった総司令官、ガルチェリが率いる軍隊に侵略されたことを知らされた。二〇〇〇人のイギリス人と五〇万頭の羊が暮らす、沖合四〇キロメートル、面積一万二〇〇〇平方キロメートルのこの群島がいったいどこにあるのか、閣僚のだれも知らなかった。だが、この日はマーガレット・サッチャーの人生において「最悪の日」だった。平和的解決という仮説、つまりこの岩でできた島々に対するイギリスの主権放棄を、彼女は早々にしりぞけて、艦隊の派遣を決めた。それでも、「戦争とはどのようにするものですか?」と、スエズ動乱（一九五六年）の際に閣僚の一人だったハロルド・マクミランに問いかけている。四月の終わりにイギリス軍は島の一つに上陸した。激しい戦闘をへて、六月四日、首都ポート・スタンリー[10]にふたたびユニオン・ジャックが掲揚された。犠牲者はイギリス側で死者二六〇人、負傷者八〇〇人に上ったが、聖なる連合王国の威信は回復した。戦争の指揮官サッチャーの人気は絶頂に達した。

　犠牲となった兵士の遺族に対して首相は深い共感を表明した。だが、彼女がそれ以前に初めて人前で流した涙はまったく異なる理由からだった。それは、息子のマーク（二九歳）がパリ―ダカール・ラリー中に、運転するプジョー・504をタマンラセット付近の砂漠で岩に衝突させ、行方不明になったときのことだった。捜索にあたったアルジェリアとフランスの飛行機が彼を発見するまで六日かかった。悲嘆にくれる母親は、必要経費の一部である一七八九ポンドをポケットマネーで支払った。救出後、この放蕩息子は自慢げにこう語っている。

「一九八二年には二つの大きな事件があった。フォークランド紛争と、僕の行方不明だ」

このように、甘やかされて育ち、気まぐれで何をしでかすかわからないマークは、マーガレット・サッチャーの人生における第四の男だ。彼はまた、そばにいられなかった母親の良心の呵責であり、アキレス腱でもあったのだ。

マークが首相官邸の報道官に、母親がつぎの選挙で勝つために自分はなにができるかとたずねたことがある。返ってきた答えは「あなたが国を出ることだ」。長身でハンサム、そして母親と同じように歯を見せて笑う彼は、武器の販売で違法な手数料をえたことを告発されてから、スイスに移住した。その後アメリカ合衆国のテキサスに渡ると、そこで脱税行為で起訴された。ついには、南アフリカで、赤道ギニアのクーデター未遂事件で傭兵活動に資金提供を試みたとして告発される。今日では、スペインとジブラルタルを行き来する生活を送っている。

イギリスでは、南大西洋での自国軍の勝利――どれほど称賛されたことか――は、選挙戦で、第二次世界大戦後には経験のない圧勝を保守党にもたらした。最初の任期の慎重な姿勢は終わった。そして、一九八三年のこの年、「サッチャー革命」は戦勝気分のうちに始動できることになる。「マギー」は戦闘隊形を明らかにした。

「フォークランドで外敵を打ち負かしたように、わたしたちは国内の敵を打ち破らなければなりません。この敵ははるかに手強《てごわ》いだけでなく、自由にとってはいっそう危険な存在なのです」

炭鉱労働組合にとっては、行儀よくしていなさい、といわれたも同然だった。

しかし、優先すべきは民営化だった。ブリティッシュ・エアロスペース社が公的部門としての軌道をはずれたのを皮切りに、ジャガー、ブリティッシュ・ガス、ブリティッシュ・テレコム、ブリティッシュ・エアウェイズ、ロールス・ロイス、BP、ブリティッシュ・スチール、ローバー、水道事業、電気事業など約六〇の企業が続いた。公共部門は半分に縮小され、約一〇〇万人が民間部門のサラリーマンとなった。一〇〇〇万人以上の小口株主が、売り出された株式に殺到して五倍もの引き受け申し込みとなった。野党はもちろん、保守党内の守旧派も、「家に代々伝わる銀食器を売りとばすようなもの」と非難したが、国家財政は回復に向かったのである。

ただ一つ、「レディ・T」が補助金や税金控除という形をとりながら国営を維持した部門が住宅だった。いっぽうで彼女は公団住宅の販売を進めた。マーガレット・サッチャーは、民衆資本主義や、多くの国民が事業主あるいは株主として自立する国、つまりは増大し続ける中産階級――自身がその純然たる産物である――の国を夢見ていた。この新時代のイギリスの英雄は、たとえばヴァージン帝国の創業者リチャード・ブランソンのように、独力で成功をおさめた人物ではなかったのだろうか？

世間一般に信じられているのとは逆に、一九四五年に確立された福祉国家の二本の柱である社会保険と国民保健サービスの崩壊を避けるように、彼女は配慮していた。しかし、彼女の革命は、労働組合という要塞（組合員一三〇〇万人、労働人口の半分に相当）[11]とその権化である、きわめて強力な鉱山労働者の組合、全国炭鉱労働組合（NUM）の委員長、アーサー・スカーギルを倒して初めてなしとげられるのだ。

父親も炭鉱労働者だったこの男は、「強硬派」でマルクス主義者[12]、そして口達者だった。一九八四年三月、二万人の人員削減（一八万五〇〇〇人中）が発表されると、組合員による投票もなく、強引にストライキの実施を宣言した。首相はつぎのように発言した。

「不採算部門の閉鎖を禁じる理論を文字通りに適用しなければならないのなら、イギリス全体が大きな博物館になってしまうでしょう」

政府は、多くのイギリス国民の暗黙の了解に期待することができた。労働組合の行き過ぎた活動にうんざりしていた国民は、「一九七八年から一九七九年にかけての「不満の冬」に」墓堀り人夫がストライキを起こした際に数週間埋葬されずに放置された死体のことを思い起こした。炭鉱労働組合の争議は、一三万人のストライキ参加者に支えられ、治安部隊との衝突や、ストライキに参加しなかった炭鉱労働者の家族に対する暴力事件が起こったりしながら、一年続いた。そしてついにスカーギルは降参した。このストライキの損害は三〇〇億ポンドにのぼった。翌年には二四か所の立坑《たてこう》が閉鎖された。

それはフォークランドに次ぐ「レディ・T」の二度目の、そしておそらくもっとも息の長い大勝利だった。また、左翼系ジャーナリストのオーウェン・ジョーンズが言うように、「労働者階級が見せた最後の抵抗」でもあった。マーガレット・サッチャーはこう結論している。

「この敗北ではっきりしたのは、ファシストの左派がイギリスを統治不能にするなどもはやありえないということだ」

すでに彼女を憎悪していた人々の嫌悪はまた少し深まった。それはときに愛憎なかばするものだった。なんだかんだいっても「この食品雑貨店の娘」はある「魅力」を発揮している、と作家のイアン・マキューアンは認める。また、こうもいう。彼女は「とても権威的で、有能で、全知で、癇《かん》にさわる」がゆえに、「ひと匙《さじ》のエロティシズム」を（中略）放つのだ、と。

一九八七年六月、保守党の新たな勝利に続き、マーガレット・サッチャーは再選を果たした。「ショック療法」によって経済は健全化したようにみえたが、三期連続の任期はあまりにも長かった。成長率は三パーセントに跳ね上がり、インフレ率は五パーセントに抑えられているように思われた。予算は黒字で、失業率は六パーセントに落ち着いた。四年間で平均所得は三五パーセント増加した。これが、経済に一家言あり「創造的エコノミスト[13]」であった財務大臣[14]の名を冠した「ローソンの奇跡」である。シティは活況を呈し、不動産は高騰した。しかし、こうした良いことづくめの裏側では、インフラの劣化、公共部門の破綻、賃金制度の不安定性、教育の質の低下、貧困層の倍増、社会格差と地域格差の拡大、それも特にイングランド北部、スコットランド、ウェールズの旧工業都市における格差拡大という問題が山積みになっていた。まもなく指標は赤字に変わり、新聞は「破産した首相」のことを盛んに書き立てるようになる。

一九八九年一〇月、ローソンは辞任に追いこまれた。表向きの理由は首相の経済アドバイザーとの意見の相違だったが、ほんとうのところは、ユーロへの第一歩となるヨーロッパ通貨制度[15]（ＥＭＳ）へのポンドの参入に賛成していたローソンが首相と対立したことにあった。ローソンは「サッチャリズム」の柱だっただけに、これは痛手であった。

翌春、首相は自信満々だったのだろうが、人頭税の導入によってイギリス国民の不満を高めてデモに駆りたてる、という悪手に出た。正式にはコミュニティ・チャージと呼ばれるこの税の仕組みは簡単である。すべての住民が同じ地域サービス（ゴミ収集、社会サービスなど）の恩恵を受けているのだから、家賃やそれぞれの所得に関係なく、請求額は同じであるべきだ、というものだ。背景には、この法律によって、放漫財政の自治体、つまり労働党が支配する自治体に選挙でペナルティをあたえる意図があった[16]。

一九九〇年一一月一日、マギーは新たな幻滅を味わった。また一人保守党の大物が舞台を去った――副首相、財務大臣、外務大臣を歴任した実力者で、庶民院の保守党リーダーだったジェフリー・ハウが、就任して日が浅かったのに、八方ふさがりとなって庶民院院内総務の職を辞したのだ。イギリスは単一通貨に反対ではない、と彼が表明した直後に、ローマのサミットではマーガレット・サッチャーが条件を並べ立てて難色を示したのだ。つぎの閣議では、彼女はハウを「外国の手先になった愚か者」と罵《のの》り、党内の亀裂をさらにひろげた。

一一月二〇日、保守党議員が公然と反発を示したにもかかわらず、議員による内部投票[17]により、マギーは保守党党首選挙に勝利した。しかし、彼女が選んだのは、その二日後、辞任によって先手を打つことだった。「おかしな時代ね」とため息をつきながら、自分はイギリス国民から引導を渡されたわけではない、そこがチャーチル――彼女にとってはお手本であった――とは違う、と指摘した。

その後、ヨーロッパ問題はイギリス首相の墓場になる[18]。ジョン・メージャー、デイヴィッド・キャメロン、テリーザ・メイ、そしてもしかしたら明日はボリス・ジョンソンも？［本書の出版は二〇二二年八月で、ボリス・ジョンソンは二〇二二年九月に辞任］しかし、政権の座についたときのマーガレット・

サッチャーは、ヨーロッパ各国の国旗の色がパッチワークのようにたくさん入ったセーターを身にまとい、胸を張っていたのだ。そのときの彼女の態度は、一九五七年の欧州共同体設立のためのローマ条約にイギリスが加盟しなかったときから定着している、この島国の「欧州懐疑主義」とは対照的だった。彼女は以下のようにみていた。

「もし撤退すれば、イギリスは完全な国家主権をとりもどすだろう、と人は思うかもしれない。しかし、それはおそらく幻想に終わるだろう。わたしたちの生活はますます欧州経済共同体（EEC）の影響を受けるようになり、自分たちに影響をあたえる重要な決定に口を出せなくなるのだ」

ジャック・ドロール元欧州委員会委員長は、サッチャー首相[19]が欧州構築に積極的に関与していたことを認めている。たしかに彼女には、欧州共同体［EECと他の二つの共同体を総称して欧州共同体（EC）と呼ばれたが、一九九三年には欧州連合（EU）に統合された］の予算にしめるイギリスの拠出を減らすという強迫観念的な目標があった［ECは予算に占める農業政策関連支出の割合が高く、フランスのような農業大国に対して農業生産の少ないイギリスは、拠出に比べて補助金が少なく、損をするしくみだった］。「わたしのお金を返してほしい」とくりかえし口にした。一九八四年六月二六日、フォンテーヌブローのサミットで、彼女はついに望んでいたものを手に入れた。「彼女は驚くほど芝居がかった身振りをし、ウイスキーを一気に飲み干すと、イエスと言った」と目撃した人は話している。その後、対外安全保障の分野では協調を訴えたのだが、独立した各国が結束する欧州を支持する立場から、一九八九年には経済通貨同盟の計画に憤慨し、「大陸規模で展開する、コストと手間のかかるドロール式の社会主義」であるとして糾弾した。これで保守党リーダーたちとの断絶が決定的となり、彼女の退陣が早まったことは周知のとおりである。

政権をしりぞいたレディ・サッチャーは、ベルリンの壁から解放された新しい中欧で自由主義を説く、自身の財団に専念できるようになった。根っからの反共主義者だった彼女は、ソヴィエト連邦をつねに真正面から受けとめていた。「わたしはこの野獣をよく知っています」と、笑いながら言ったものだ。首相時代には、大統領がジミー・カーターでもロナルド・レーガンでも、アメリカの外交政策にはあらゆる状況（戦略兵器の制限、アフガニスタン、カダフィ大佐に対する空爆など）において同調していたが、時とともに何度か問題は生じた。[20] 実用主義者である彼女は、それでもミハイル・ゴルバチョフを「つきあえる人間」であると考え、ペレストロイカ[21]が「自由の領域を広げる」ことを理由に「人類のためになる」と評価した最初の人々のうちの一人だった。

一九九二年に女男爵に叙されてからは、ときおり貴族院［上院に相当］に議員として出席した。世界中いたるところで講演をおこない、それだけでもかなりの収入をえた。労働党政権の首相であるトニー・ブレアとゴードン・ブラウンが彼女の政治的遺産を守り続けたことを喜んだ。実生活ではロンドン屈指の高級住宅地であるチェスター・スクエアに転居した。一九九三年一〇月一八日には、自身が執筆した回顧録が全世界で出版された。そのなかで、ヴァレリー・ジスカールデスタンについての一節では「政治をエリートにのみ許されたスポーツだと考えていた」、フランソワ・ミッテランについては「自分の資質に自信のあるフランスの知識人」でありながら「私的な発言と公的な行動を一致させる」ことができない、と辛口の評価を下している。「ブルドーザー」の異名をとったジャック・シラクだけは「率直で、精力的で、議論で熱くなる」と、好意的に映っていたようだ。しかし全体としては数字と事実ばかりで、どうも息がつまる本である。

それから一〇年ほどたった二〇〇二年、「レディ・T」は何度か脳卒中を起こして、健康のために公の場から完全にしりぞいた。その翌年のデニスの死に彼女は大きな衝撃を受けた。彼女の人生における三人の男はもうこの世にいない。残されたのは、気まぐれで、司法とのおりあいが悪い息子、マークだけだ。だが、そのマークの双子の姉妹で、混沌とした私生活によって問題を抱えながらも有望なテレビ・プロデューサーとなったキャロルが、かつてはその職務の重責のために実際に「不在」で、そして今度は記憶力の低下のために、精神的に「不在」となったこの母親を最期まで世話することになる。

二〇一三年四月八日、マーガレット・サッチャーの死去が報じられると、彼女のいちばんの反対派たちはパイントグラスのビールをかかげて乾杯した。ベルファストの壁には「鉄の女、安らかに錆びよ［墓石によく刻まれる「安らかに眠れ」をもじったもの。英文では一文字ちがい］」という落書きがあらわれた。また、映画『オズの魔法使い』の挿入歌で「鐘を鳴らせ！　悪い魔女は死んだ」という楽曲が飛ぶように売れた。葬儀で人々の目を引いたのは、マークの子で故人の孫娘にあたる一九歳のアマンダが、黒いスーツにパールのネックレス、アシンメトリーの帽子という装いで、聖書のなかからパウロの『エフェソの信徒への手紙』の一節を朗読する姿だった。その態度は毅然としていた。なかには早くも次なる「マギー」を夢見る人もいるようだが…

◆原注

1　一八世紀に英国国教会から生じた分離派で、聖書の精読とより徹底した宗教的実践を推奨している。

2　一九世紀には、自由党（ホイッグ党）が自由貿易を擁護し、対する保守党（トーリー党）は農民を保護するために保護貿易主義の恩恵を称賛した。

3　イートン校は、ロンドンから西へおよそ四〇キロメートルに位置する、もっとも権威のあるパブリックスクール。

4　サッチャーは、敵対者の目の前でハンドバッグを振った。イギリス人はそこから、この「ハンドバッグすること（handbagging）［大臣たちに対するサッチャーの強い叱責を指す］」と呼ばれる行為を中心として抑圧的な統治がおこなわれている、との結論を引き出した。

5　セルジュ・オディエはその全書『Néo-libéralisme(s): Une archéologie intellectuelle』（グラッセ、二〇一二年）の中で、リベラリズムのさまざまな潮流を読み解く。「自由放任」を復権させたオーストリア学派（ハイエク、フォン・ミーゼス）、経験的自由主義を支持するシカゴ学派（フリードマンとベッカー）、西ドイツで実践された、資本主義は元来社会的であるという「社会的市場経済」を賞賛するドイツのオルド自由主義（リュストウとレプケ）などがある。

6　インタビューの中で、自分は避妊を熱烈に支持する、それは「子育ての能力が低い」貧困階級の子どもの数を減らすためである、と発言した。たちまち彼は「優生学」支持者である、として糾弾された。

7　一九九四年一二月一二日付のガーディアン紙に掲載されたジョーセフの死亡記事のタイトル。

8　アイルランド共和軍。アイルランド独立戦争中に結成され、一九六九年から一九九七年（停戦）まで北アイルランドあるいはアルスター地方［イギリス統治下の北アイルランドの六県とアイルランドに属する三県をあわせた地域］で活動した。二〇〇五年に武装解除したのち、分裂により名称を変えて再び活動を始めた。

9　スペイン語名はマルビナス諸島。フランス語名はマルイーヌ諸島で、一七六四年にブーガンヴィルによって発見されたこの群島の最初の名称である。だが、その三年後にはスペイン領となり、その後スペインとイギリスが領有をめぐって争った。一九一四年一二月にはドイツ艦隊とイギリス艦隊の間で凄絶な戦いが繰り広げられ、イギリス艦隊が勝利した。

10　アルゼンチン側の死者はおよそ六五〇人で、負傷者は一〇〇〇人以上、そして一万一〇〇〇人が捕虜となった。

11　最初の改革である一九八〇年の雇用法は、二次的なピケ［ピケッティング。ストライキを維持または強化するために、労働者の就労や会社の事業活動を制止する行動のこと］（ピケを争議に直接関与していない企業にも拡大すること）を犯罪とした。この法律は、企業の経営者が認めた組合への加入を労働者に義務づけるクローズド・ショップ制を廃止することなく、「良心条項」を適用して労働者が加入を拒否できるようにした。一九八二年には、違法行為を行った組合に罰金を科す新法が制定された。さらに一九八四年の法律では、組合に内部組織（選挙や財務）の透明性を高めることを強制した。

12　スカーギルは、独立自主管理労働組合「連帯」に対して、ポーランド共産党のヤルゼルスキ政権を擁護した。一九九六年には、労働党から分裂して社会主義労働党を結成したが、党は失敗続きとなる。

13　マーガレット・サッチャーのことば。

14　フランスの経済財務大臣に相当。

15　この半固定為替相場制のシステムは、ジャック・ドロール［一九八五年から一九九五年まで欧州委員会委員長］の意向により、そのまま欧州連合とユーロにつながった。一九九〇年六月、新財務大臣のジョン・メージャーと新外務大臣のダグラス・ハードは、この問題についてサッチャー首相の説得に成功した。

だが、その二年後、イギリスは経済状態の悪化によりEMSを脱退することになる。

16　新税の非累進性の原則が不公正であると当初から反発を受けたことにくわえ、その徴収は従来の方式よりも高くつくことが判明した。

17　元国防大臣で反対派のスポークスマンだったマイケル・ヘーゼルタインの一五二票に対し、二〇四票を獲得した。〔得票数が四票足りなかったために当選とはならず、第二次選挙が行われる見通しとなったが、その前にサッチャーは不出馬を決めた〕

18　後任のジョン・メージャーは、「欧州懐疑派と親欧州派」の分裂を背景とした一九九七年の選挙で惨敗し、退陣した。二〇一五年には、欧州からの離脱を支持する「離脱派」が国民投票で勝利し、穏健派のデイヴィッド・キャメロンが辞任する。二〇一九年五月の欧州議会議員選挙では、ブリュッセルの欧州当局とまとめた協定案を庶民院に認めさせることができなかったテリーザ・メイが、ブレグジット党に敗北した。

19　「おもな交渉相手だったサッチャー夫人は、この問題にかんして独自の見解をもっていたが、それでもやはり親欧州派だった。さらに、私の任期更新の際には、手を挙げてくれた。そして、時には非常に複雑な欧州理事会が開かれたとき――何度も夜を明かしたものだ！――こうたずねたのだ。『ムッシュー・ドロール、率直に言って、これをどう思いますか？』」これは、二〇二一年一一月四日付『ル・ポワン』誌でのインタビューである。労働組合との対立や社会政策の欠如については批判しながらも、元欧州委員会委員長は次のように認めている。「英国の大企業の首脳たちが事業運営よりもゴルフを好んでいた時代に、彼女は国を運営していた。彼女は彼らに手きびしかった。イギリスという国は自堕落になっている、との印象をもっていた（後略）」。政権を離れたマーガレットは、一九八六年に単一欧州議定書に署名したことを後悔して、後年、欧州連合からの脱退を主張することになる。

20　一九八三年一〇月、イギリス首相はグレナダ島へのアメリカの上陸に反対した。同年、ロナルド・レーガンの戦略防衛構想（スター・ウォーズ計画）に抑止力放棄の兆しを見出して、彼女は憤慨する。その七年後には、ＮＡＴＯ（北大西洋条約機構）が核攻撃の原則を否定したことを遺憾とした。イギリスとアメリカが「特別な関係」を取りもどしたのは、イラクによるクウェート侵攻を発端とした一九九〇年の湾岸戦争以降である。

21　文字どおりの意味は「再構築」。実際には、一九八六年から一九九一年にかけてゴルバチョフが進めた一連の経済・社会・政治改革をさす。

22　元首相が爵位を授かるのは慣例である。しかし、貴族の称号の階級制は男性にかぎられる。そのため、デニス・サッチャーが爵位を受け、妻のほうは、定員が存命の二四人にかぎられるメリット勲章を受章した。

＊参考文献

Leruez, Jacques, *Le Phénomène Thatcher*, Bruxelles, Éditions Complexes, 2000.

Sergent, Jean-Claude, *La Grande-Bretagne de Margaret Thatcher*, Paris, PUF, 1994.

Thatcher, Margaret, *Mémoires*, tome 1 : *10 Downing Street*, trad. Patricia Blot, Christophe Claro, Hervé Denès ; tome 2 : *Les Chemins du Pouvoir*, trad. Serge Quadruppani, Michèle Gibault, Évelyne Châtelain-Diharce et Hervé Denès, Paris, Albin Michel, 1993.

マーガレット・サッチャー『サッチャー回顧録　上・下　ダウニング街の日々』、石塚雅彦訳、日本経済新聞社、一九九三年

マーガレット・サッチャー『サッチャー　私の半生　上・下』、石塚雅彦訳、日本経済新聞社、一九九五年

Thiériot, Jean-Louis, *Margaret Thatcher*, Paris, Éditions de Fallois, 2007 ; rééd. Tempus, 2007.

17 エリザベス二世
普遍的な女王

アンヌ・フュルダ

彼女こそは女王である。普遍的な女王である。ある意味で、君主制の典型的産物である。どの国に君臨しているかをいう必要もない女王だ。イギリスを体現していて、イギリスと不可分の女王である。エリザベス二世が国際スターであることは自明の理である　――そう、彼女は輝けるスターなのだ。

見られる事を意識した装いに身を固め、比類無き自己演出センスを発揮している。歳月が流れても、彼女は超然としている。永遠の女王として、なにごとにも動じない。たゆまなく歩みを続けつつも不動である。小説『山猫』の主人公で、ヴィスコンティが映画化したときはバート・ランカスターが演じたサリーナ伯爵の有名なセリフ、「何も変えないためにすべてを変えなければならない」を実践する女性である。世界の変化、親しかった人々の死、タブロイドやSNSの発達、大英帝国の終焉、ブレグジット、文化多様性の社会の到来、ロイヤルファミリーにおいても離婚がめずらしくなくなった社会規範の自由化にもかかわらず、彼女は変わらない。二〇一八年、孫の一人であるハリー王子と、混血で離婚経験のあるアメリカ人女性との結婚にもかかわらず……。そのほか諸々の出来事にもかかわらず、エリザベス女王の生き方はこの七〇年間というもの、危ういバランスを保ちながらだが、――ほぼ――変わらずに続いている。そこから浮かび上がってくる女王の肖像画は、よく見るとコントラストカラーの点で成り立っている点描画である。

王宮に暮らすロイヤルでありながら田園生活が好き。おかしがたい威厳がありながらも、親近感をいだかせる。国民の手のとどくところにいるようでいて、近寄りがたい。過去と伝統と儀典にどっぷりとつかりながらも、時代の進化と近代的コミュニケーションの必要性に適合してきた。ときには心ならずも。保守的であり改革派でもある。ご本人には傲慢なところなど少しもないようにみえるが、数えきれないほどの組織、劇場、交響楽オーケストラやダンス団体から「女王陛下の政府」にいたるまで、彼女は――名目上だけでも――パトロンとして君臨している。

豪華絢爛なロイヤルセレモニーの挙行など、女王職は費用のかかるものであるが、日常生活では、贈り物の包装紙を大事にとっておいた少女時代とかわらずに倹約家で浪費をきらう。きわめつきに礼儀正しい女性君主として　職責ゆえのたえまない公務を少しのイライラもみせずにこなす一方で、思い切った決断を下すこともできる。ときにはきびしい、もっといえば苦痛に満ちた、家族の意向に反した決断さえも。義務感ゆえに。王室を守るために。泣き言をもらすことなく。Never complain. never explain は、議論の余地のない、彼女の人生訓である。

巌《いわお》

疑いもなく、エリザベス女王は現代における全世界的「アイコン」である。マスコミがとりあげる話題と重厚な儀典がまじりあった、お約束のイメージを数多くともなうアイコンだ。そうしたイメージのいくつかを列挙してみよう。ウエルシュコルギー、サラブレッド、ジントニック、お城、馬車、ロールスロイス、鮮烈な色合いの衣装、帽子、三連の真珠の首飾り、ティアラと王冠、ハンドバッグ——片方の腕からもう一方の腕に持ち替えることで、退屈な会合を終わりにしたいという合図を送るのにも使われる——、切手蒐集、手袋をはめたままの握手、ジグソーパズルやボードゲームの趣味、窓の下で演奏されるバグパイプを耳にしながらのバッキンガム宮殿でのめざめ、息子の嫁たちとのいざこざ…。

不変の習慣もある。夏はバルモラル城で、クリスマスと復活祭はサンドリンガム「イギリス国王の別邸サンドリンガムハウス」で、あとはバッキンガム宮殿ですごす。エプソン競馬場でのダービーと、6月のロイヤルアスコット。彼女が会員となっている唯一の団体である、ウエストニュートンのウイメンズ・インスティテュート——その使命は「緑豊かな愛すべきイギリスを守る」ことである——への年一回の出席。

ゆえに、年月が流れてもエリザベス二世はほとんど変わっていない。年のせいで少し背がまがったが。政治を筆頭とする各方面の変化の渦の中、彼女の立ち位置は不変だ。トニー・ブレアはこれを、

「［女王は］世界の歩みにそいながらも王室のオーラを保ちつづけている」と表現している。彼女はありとあらゆることを体験した。彼女の人生に決定的影響を与えることになる第二次世界大戦、冷戦、スエズ危機、キューバ危機、大英帝国の分解と植民地喪失、ベルリンの壁崩壊、スコットランドとアイルランドのナショナリズム台頭（彼女は二〇一一年、独立戦争後、はじめてアイルランドを公式訪問した）、フォークランド戦争、イラク戦争、一九七三年のイギリスの欧州経済共同体加盟、ブレグジットとウクライナ戦争。最初に月面を歩いた人間も、一九六〇年代の爆破テロ、スインギング・ロンドン［一九六〇年代のファッション、音楽、映画、建築などに於けるロンドンのストリートカルチャー］、社会規範の自由化、ミニスカート、ビートルズ（彼女は一九六〇年勲章を授与した）、ローリング・ストーンズ、デジタル革命等々もまのあたりにした。

今からふりかえってみると、いい年もあれば悪い年もあった。悪い年の代表は、「アナス・ホリビリス」として人々の記憶に忘れがたく刻まれた一九九二年だ。この年には、三人のこどもの結婚が破綻し、くわえてウインザー城の火事（その結果、女王は一般国民と同じように税金を支払うことを受け入れた）が起きたからだ。

平民の人生と同じように、苦悩や悲劇（一九五二年の父王ジョージ六世の早すぎる死、一九六五年のメンターであるチャーチルの死、一九九七年のダイアナ元皇太子妃の死、ＩＲＡ［アイルランドの独立をめざしていた武装組織］に暗殺されたマウントバッテン卿の死、妹マーガレットの死）にも、大きな幸せにも彩られた人生である。とくに大きな幸せは、一三歳の時にダートマス海軍大学で出会って恋心を寄せた男性（当時は一八歳であった）と結婚して、死別［二〇二一年四月九日］するまで愛しつづけたことだった。

『女王になることを望まなかった女王』（マーク・ロッシュの著書のタイトル）であるエリザベス二世について語るとなると、最上級の表現が雨あられと降りそそぐ。ウイリアム征服王から数えて四〇代目のイギリス君主であり、在位年数は最長で、二〇二二年二月二日で七〇年目を迎える。ほとんどルイ一四世（一六三八—一七一七年）の記録とならび、フランツ・ヨーゼフ［オーストリア皇帝］や高祖母ヴィクトリア女王を追い越した。

エリザベス二世は世界で最も有名な女王だ。王座について以来おそらく世界で最も写真に撮られた君主である。イギリスで最もリッチな女性ではないが、やはり有数の資産家の女性である。（二〇一九年のサンデータイムスの分析では三五六番目）。イギリスの君主制というこの夢の製造マシーンの旗頭でありつづけている。経済的面でも、観光面でも、シンボルとしても多くの信奉者を惹きつけている。定義しにくい、かの有名なソフトパワーの使い手である。彼女はまた——このことはあまり知られていないが——王国で最も情報通の一人だ。エリザベス二世は、慣用句にしたがえば「君臨すれども統治せず」であるが、首相が受け取るすべての文書のコピーが入った有名な赤い革の箱（今や、息子のチャールズもアクセスできるようになった）のおかげで国内外情勢にかんする戦略的情報を入手することができる。

二〇二〇年にネットフリックスで放映され、全世界で一億人の視聴者を惹きつけたドラマ「ザ・クラウン」の大ヒットは、歳月をへても一向に弱まらないエリザベス二世のオーラにふさわしいものだった。エリザベス二世は世界中を駆けめぐった。最もひなびた州をふくめて、イギリスのすみずみに赴き、コモンウエルス[1]の各地を駆けめぐった。くわえて地球のどんな地域も訪問した。彼女は二〇世紀の最も偉大なリーダーたちに会った。チャーチル、ドゴール、アイゼンハウアー、ケネディー、ガンジー、数多くの教皇（一九八二年、四世紀半前の英国国教会成立から初めて、国教会のトップであるイギリス君主としてヨハネ・パウロ二世を歓待した）、民主主義者たちだけでなく、――政治的理由でやむをえず――ニコラエ・チャウシェスク［ルーマニア大統領］またモブツ［ザイール大統領］といった独裁者とも会った。

一言でいえば、エリザベス二世はおそらく生きる最後の神話の一つである。人々の無意識の中にある不変の目印のような人物である。針路からはずれることがない船上の見張り番である。時代、流行、政治また社会のトラブルに動じないシンボルである。まだ二一歳であった一九四七年に、初の外国公式訪問先となった南アフリカのケープタウンで述べたつぎの言葉を裏切ることがなかった。

皆さんの前で宣言します。それが長いものとなろうとも、短いものとなろうとも、わたしは全生涯を、大英帝国とその大家族への奉仕に捧げます。

彼女は約束を守り、国民投票でブレグジットが決まった二〇一六年六月二三日には「わたしは以前と変わらずにここにいます…」と述べた。

そう、以前と変わらずここにいる…。石像のように。増殖する大量の仕事を労力と時間をかけてさばきながら。右顧左眄《うこさべん》では務めることが不可能な仕事だ。しばしば、女性であること、恋人や妻、母、また姉であることよりも君主であることを優先することが求められる「きつい仕事」である。象徴的なエピソードをご紹介しよう。ドラマ「ザ・クラウン」においてエリザベス二世を演じた若い女優、クレール・フォイはインタビューのなかで、戴冠式の指輪は自分の結婚指輪よりも「ずっと重かった」と語っている…

変身

エリザベス二世が出演することを承諾した希少なドキュメンタリー、「エリザベスR」(一九九二年)の中で、彼女は次のように語っている。

大多数の人は家に帰れば仕事から離れられます。しかし、わたしの場合、仕事と私生活は一つであり、切り離すことはできません。演じているうちに慣れてくる役割を通して人は成熟するものであり、運命がそのように望んだという事実を受け入れねばなりません。わたしは、継続は力なり、と信じています。多くの努力を必要としても、後日ふりかえってみてその努力によってどれほどの満足を覚えるかを思い描くべきです。つまるところ、トレーニングこそが、多くのことに対する答である、とわたしは強く感じています。適切なトレーニングを受ければ、多くのことがこなせるようになります。わたくし自身についても、適切なトレーニングを受けた、といえるのであれば幸いです。

この「女王職」というものは、たんなる職業というよりも聖職である。エリザベス女王は若くして、この聖職の手ほどきを受けた。彼女の父であるヨーク公爵（後の国王ジョージ六世）は、離婚経験のあるアメリカ人との愛に生きることを選んだ兄の退位の結果として王座についた。

父の戴冠式に参列し目を見張ったエリザベスはまだ一〇歳であったが、自分が王位継承順位一位であることを知っていた。リリベットの愛称でよばれる、賢くて分別のある少女は、それまでも王族のプリンセスとして育てられていたが、絢爛豪華な王室の暮らしとは無縁であった。

エリザベスはその時まで伝統的な教育を受けていたが、インテリ女性となるための教育とはいえないものだった。しかし父王ジョージ六世の即位からすべてが変わった。突然、エリザベスはここから殿下と呼ばれるようになった。朝起きてから両親に最初に会うときには、うやうやしく荘厳な仕草でお辞儀（レヴェランス）をしなければならなくなった。エリザベスの友だちは、エリザベスにMa'amとよびかけなければならなくなった。イートン校で憲政史講義を週二回受け、同様にヨーロッパ史とフランス文学の個人授業を受けた。こうして、女王になるための準備は着々と進んでいたのだが、父の跡を継ぐ日はまだほど遠いものと思われた。運命が彼女の両肩にのしかかる日が思いがけず早く訪れたとき、彼女はすでに二児の母親にはなってはいたがまだ二五歳になったばかりの小心な若い女性にすぎなかった。エリザベス女王は完全には準備ができていなかった。しかしこの試練に立ち向かうのにウインストン・チャーチルが最良の教師の一人となった。彼は七〇年の間に女王が知ることになる一四人の首相の一番目であった。一四人のうちで、もっともカリスマ性のある首相でもあった。両世界大戦を経験し、ヒトラーに挑み勝利した英雄であり、エリザベスにとってその後のどのような首相と比べても別格である。政治の先生であり父親代わりであった。

エリザベス女王は、父王ジョージ六世の死にうちひしがれながらも、これからは自分の感情はさておきまずは国家を優先せねばならない、と理解した。エリザベス女王は感情に走らず冷静な態度をとることをモットーとした。それに反したことは一回しかない。公の場で人目をしのんで涙をふいたのは一九九七年、最後の王立ヨット、ブリタニア号の廃船の時だけだ…

この感情を抑える禁欲的な姿勢はときとして、国民の苦悩に対して感受性の欠如または一種の無関心と受けとめられた。そして労働党の首相二名に国民との連帯を表明するよう強く求められた。一人目は、一九六四年に首相に就任したハロルド・ウィルソンだった。なお、ウィルソン内閣のメンバーの何人かは急進的な君主制反対論者であった…。ウエールズ地方の鉱山の村アベルバンの地滑りが子ども一一六名をふくむ一四四名の犠牲者を出した悲劇に国民が衝撃を受けた際、ウィルソンは女王に国民との連帯と共感を表明するよう説得した。エリザベス女王は一週間後ではあったが、現場におもむいた。

カントロヴィッチ［ドイツ出身でアメリカに渡った歴史家］は、王には死ぬ運命にある地上の体と、代々引き継がれていく不死の政治的な体——王国の体——がある、と説き、これを「国王のふたつの体」とよんでいる。一九世紀英文学の研究者で翻訳家、小説家であるジャン・ピエール・ノグレット[2]にいわせると、逆説的にも労働党首相が、国民への連帯を示すという不可欠の「つとめ」をエリザベス二世が完遂することを可能とし、「国王のふたつの体」の統合を成功させた。

ああ、第一の体が苦しんでいないとの印象をあたえるとき、王国はどれほど苦しむことか。

三〇年後、この「アベルバンシンドローム」がふたたび起こる。一九九七年のダイアナ妃の死の時だ。激しく動揺した国民は心から悲しみ、「国民のプリンセス」の死を悼んでいた。だれもが知るとおりに義理の娘との関係が最悪だった女王は当初、無関心と受けとめられる反応を示したため（一言も発せず弔旗も掲げず）、なんと冷酷な、と国民は衝撃を受けた。またも、労働党の首相、すなわちトニー・ブレアが、女王が最小でも哀悼の意を表明して、当代風の過剰な広報活動の必要性に譲歩するよう助言した。ノグレットはこうも書き記している。

人々が鉄柵に立てかけた花束は山のように積みかさなった。これが花ではなく、もっと物騒なものだったら、象徴的なバスティーユ襲撃とよぶこともできよう。エルトン・ジョンの友人で、慈善活動に熱心に取り組み、美しく心が広い「国民のプリンセス」の支持者と、コーギーとスコットランドの狩猟のことしか考えていない、無味乾燥で氷のように冷たく、公的な姿勢を崩さない女王が対立している構図だ（…）女王は、国民は自分の臣民だと見なしていた。国民から選ばれた首相は、女王が国民を体現しなければいけないと考えた。女王は存在しているだけで意義がある、というのはちがう、女王が老体に鞭うって恒常的に倫理的な言動をとることが必要なのだ。

ブレアの助言は聞き入れられ、そのおかげで、エリザベス女王は胸を張って王室の危機から脱出することができた。

ここで立ちどまり、エリザベス二世はどの様な意味で女性指導者と呼べるのだろうか、と考えてみるべきだ。イギリス女王の政治権力は現実的というよりは象徴的であることは、皆が知ってのとおりだ。女王はイギリスの統合と安定の守護者であり、国家全体を体現している。彼女がになっているのは中立的で、政治色のない役割であり、政党間の対立を超えた立場を保っている。これを象徴するのが、毎年、議会でおこなわれる女王演説である。第一人称「わたしは、わたしの等々」で書かれた荘重な演説を女王が読み上げるのだが、これを執筆するのは首相である。

エリザベス女王はグレートブリテンおよび北アイルランド連合王国の女王、コモンウエルスの長、英国国教会のトップ、国防軍の最高指揮官であるが、この立憲君主国であるグレートブリテンの枠組において、政府に対して「警戒心を表明し、奨励し、助言をあたえる」ことしかできない。イギリスの立憲君主制のこうした原則を明らかにしたのはウオルター・バジェット［一九世紀のイギリスの評論家、経済学者、思想家］であり、代々の国王と同様にエリザベス二世も王座につく前にバジェット著の「イギリス憲政論」（一八六七年）を丹念に読んだ。イギリスの君主は君臨すれども統治せず、なのだ。このことは、少なくとも理論上は、各種の出来事や政治的決定に対し、意見を述べる権利を彼女から剥奪するものではない。マーク・ロッシュは、諧謔《かいぎゃく》に満ちた次のようなコメントを発している。

実際のところイギリスの君主は、王国の領海と水域に生息する白鳥と鯨とチョウザメの上にのみ君臨している。以上の三種の生き物の所有権は一三二四年より、王室に属している。

とはいえ、女王の権力は皆無とはほど遠い。エリザベス二世は法令を発布し、国会を開会・閉会する。政府は女王陛下の政府である。毎週水曜日におこなわれる有名な週一回の女王と首相の二人だけの会合は通常一時間に及ぶが、ここから重要なことが出てくる。膝つき合わせての会議はドラマ「ザ・クラウン」にも登場する。形式的だが密度の濃いもので、双方がいかに密接な関係かを象徴している。また毎年、九月の第一週末に、首相をバルモラル城に招待している。回想録の中でトニー・ブレアはこの経験を「奇異でシュールで、まるで幻覚のよう」と描写している。また女王がどのようにテーブルをセットしているか、また食器を洗うときはゴムの手袋をはめていることなどを語っている。

ダウニング街一〇の首相官邸の住人がだれであれ、エリザベス女王はこの儀礼的会合の時、同じ儀式をいつも守りつづけた。彼女はバッグから話し合うべき項目を記した一枚の紙切れをとりだす。いかなる議事録も、覚書もとられない。国内政治、国際政治、軍事作戦、コモンウエルスや王室等々にかんする情報まで… タブーはない。通常、この会合で何が話し合われたかは明かされない。しかし、何人かの首相は秘密の一端を明かしている。たとえばデイヴィッド・キャメロン（二〇一〇―二〇一六年）は回想録の中で、女王の質問は驚くほど正鵠《せいこく》を射《い》ていた、と告白している。どうやら、彼女の質問はごくごくあたりさわりのない質問をするが、じつは皮肉がこもっていたり、真意をそれとなく仄めかしていたらしい。いわゆるイギリス流の有名なunderstatement（控え目な言い方）だ。歴史家フィリップ・シャセーニュはこう記している。

何か一つアイディアをエリザベス女王にぶつけると、「それがなんになるの？」と女王が答える時、女王はそのアイディアが馬鹿げたものと判断し、あきらめた方がいいとみているということはよく知られている。

「確かですか？」は断固たる拒否。とはいえ、首相は女王の意見に従う必要はまったくないのだが。女王は完全な中立を保つとみなされてはいるもの、女王の信念の巧妙な表明と思われるサインを感じとる者もいた。たとえば、ブレグジットとスコットランドの国民投票のときがそうだった。夏も終わりの頃、ボリス・ジョンソンに要請されたエリザベス女王は国会閉会を発令し、運命の日の二週間前に一般政策演説を下院でおこなった。このときも、原理原則に従い、意見をさしひかえる、という規則を尊重していた女王だが、サブリミナルなメッセージを送った。少なくとも、そのようにうけ止められるメッセージだった。このような場合に女王は、人を煙にまく謎めいた言葉を発する、もしくはより明白に、象徴的意味合いをもつ色の服を身にまとう。

二〇一九年一月二四日、当時の首相テレサ・メイがブレグジット協定再交渉案を議会で通そうと悪戦苦闘している時、ウイメンズ・インスティテュートにおいて女王が発したひと言——「互いを尊重して話し合う、観点のちがいを認める、おりあえるところがないかを探るために集まる、一歩下がって冷静になる、といった効果があることが証明されている手法」を選択すべきだ、と出席者たちによびかけたのだ——それは妥協へのよびかけと解釈された。

その二年前、二〇一七年の一般政策演説の時、青い服とそれに合わせた、先端が黄色い青い花をあしらった帽子——ヨーロッパユニオンの旗の色合い——を着用し、それが一種のヨーロッパ連合支持の表明と考えられた。しかし、女王は心情的にブレグジット陣営にくみしている、と考える者もいた。王室は厳密な政治的中立性を旗印に掲げ、女王が欧州連合残留を願っている、いや離脱を願っている、という解釈のどちらも否定した。二〇一六年三月、タブロイド紙ザ・サンの「女王はブレグジットを支持する」に対しては、告訴にまで踏み切っている。

二〇一八年七月、ドナルド・トランプが訪英したときにエリザベス二世が着用したブローチが話題となった。米大統領を迎える日、女王が選んだのは数年前オバマ大統領夫妻から贈られたブローチだった…翌日には、米民主党カラーの青い服を着た。

そして、二〇一四年、スコットランド独立を問う国民投票の数日前、女王は礼拝を終えてスコットランドのクラシー教会のから出る時、次のように述べた。

皆さんには、未来のことをよくよく考えていただきたいですね。

この短い言葉がメディアに大きくとりあげられ、女王はスコットランドがイギリスに残ることを望んでいる、当時の首相デイビッド・キャメロンの要請を受け入れ、ひかえ目な形で首相支持のサインを送った、と受け止められた。このサインは投票行動に影響したのだろうか？　いずれにしても、九月一八日、スコットランドは反対票五五％以上で、イギリスからの独立を否決した。

しかし、イギリスの専門家たちが物知り顔で解釈するこうした判じ物のようなサインとは別に、自分の意見を述べることはまれで、話すにしてもメリハリのない声で、あたりさわりのないお決まりの言葉づかいに終始することが多い女王のいくつかの演説が、特異な反響をよぶこともあった。その顕著な例は、二〇二〇年四月五日、コロナ禍の真只中での女王の演説である。ウインザー城で発せられたスピーチ（伝統的なクリスマスメッセージ以外では即位後、これが五回目だった）は女王自身で書いた短くも感動的な文章であり、悲観主義から脱しよう、と国民に呼びかけるものだった。

素晴らしい日々が戻ってくるでしょう、友だちや家族と再会できる日がやってきます。

お手本を示すという美徳をそなえたシンプルな言葉であった。ぞんざいで、新型コロナ感染防止のためのルールを守らず官邸でパーティーを開いていたボリス・ジョンソン首相が同じころにふりまいていたイメージとはまさに対照的だった。第二次世界大戦時の両親のように、エリザベス二世は嵐に見まわれているイギリスにおける安定のイメージを体現した。未来を信じる気持ちのシンボルとして、女王のこの時の服装は緑色だった。希望の色だ…小さなこと？　そうとは言えない。

化身

言葉の力を女王は節度を守って使っている――この七〇年間、強い印象を残すような演説をおこなったことはまれである――が、エリザベス二世は数量化しにくいが、時間とともに重要性を高めていく力をもっている、それはイメージの力だ。流行に興味の無いエリザベス二世であるが、二〇一九年にイギリスで出版された女王のファッション写真集「私たちのレインボー・クイーン」が示すように、彼女の装いは、完全に組織化されたコミュニケーション戦略の一環だ。それは注意深く研究され、国の第一のアンバサダーとしてつねにどこにいるかわかりやすいように選ばれ、着心地もよく適切な服装である。

「人に信じてもらえるためには、人に見られなければならない」とエリザベス女王はしばしばそう語っている。女王が、イギリス王室の永続性が、どのように自分を見せ、それがどのように受けとめられるかにかかっていることを十分に理解していることを示す言葉だ。

セシル・ビートン〔英国の写真家〕からアニー・リーヴォビッツ〔アメリカ合衆国の写真家〕にいたる、有名な写真家によって写真に撮られ、ルシアン・フロイト（心理学者ジークムント・フロイトの孫）からアンディー・ウォーホルまでの偉大な現代画家たちによって姿を描かれたことで、エリザベス二世は毛沢東、チェゲバラまたカール・ラガーフェルドと同じくらい有名となった。シャネルのアーティスティックディレクターであったラガーフェルドの言葉をかりれば、エリザベス二世はある種、世界中で見られ、認識される、現代の「メディアの寵児としてのマリオネット」になった。

人に見られたい、認められたいという欲求は昔から君主たちにつきものであった。君主たちはずっと以前から、自分を見せる必要性を理解していた。伝統的には切手、絵画の上で、また技術が進歩するにつれ、写真、映画、ＳＮＳ上で。また忘れてはならないのは、数々の旅行や、華麗で威厳ある姿を見せることで、臣民が君主に直接接しているかのような幻想をいだかせることだ。エリザベス二世はこうしたしきたりをないがしろにせず、自分のなみなみならない知名度にユーモアをまじえて言及することで伝統に新風さえ吹き込んだ。ある日サンドリンガムの店の女性客に「失礼、あなた女王に似ていらっしゃいますね」と話しかけられた女王は、「そう言っていただくと、安心します」と返した。またひとりの国会議員が「そんなに大勢の知らない人たちに会うのは大変ですね」と言ったのに対し、女王は「人が思うほどたいへんじゃありませんせん、自己紹介する必要はありませんし、みなさんわたくしがだれかご存知ですから」と答えた。

コミュニケーションにかんしても、女王は時代に適合する術《すべ》を心得ていた。エリザベスはごく早い時期から、両親の意向もあって、マスコミによる取材の対象となっていた。一九二六年四月二一日に誕生してほどなく、乳児エリザベスは、ヨーク公アルベルトとその妻エリザベスにいだかれてマスコミデビューを飾った。数か月後の一九二七年、一歳となったヨーク公夫妻の長女の写真が国民の目にとまった。カールしたブロンド、キラキラした青い目のプリンセスは、今度は一人でポーズをとっていた。スター誕生であった。数えきれないほどつぎつぎに撮られる写真の最初の一枚でもあった。子供ぎらいだった祖父王ジョージ五世がエリザベスには夢中になったことに合わせるように、一九三〇年代、国民にとってエリザベスはアイドルとなった。

数年後、父が国王に即位し、第二次世界大戦が勃発すると、かわいいプリンセスも役割をあたえられた。両親が爆撃されたロンドン市民の見舞いに奔走する一方で、一四歳のエリザベスは、BBCの電波に乗せて「子どもの時間」にイギリスのこどもたちをはげますために、はじめて公《おおやけ》のスピーチをおこなった。またエリザベスが兵士のためにセーターを編んでいる写真も撮られた。一六歳になると、近衛師団の榴弾兵となり、のちに補助地方義勇軍に入隊した。一九四五年に撮影された、制服を着て救急車を運転している写真が残っている。一九四五年五月八日の戦勝記念日には同じ制服姿で両親、ウインストン・チャーチルと妹とともにバッキンガム宮殿バルコニーに立った。

ゆえに、王座に就いた時のエリザベスは、イメージコントロールにかんして初心者ではなかったのだ。エリザベス女王は二〇年前からカメラや映画カメラの前でふるまうことに慣れていた。まだ経験が足りず、ぎこちなく見えたが、公の場でのスピーチの経験もあった。女王になってからは、ジャーナリストたちを警戒しながらも、時の経過とともにコミュニケーション術をみがくようになる。

如才ない女王は政治センスをもち、王室の存続は自身の公的イメージに密接にかかわっている、と本能的に感じていた。夫であるフィリップ殿下の助言に従い、一九五三年六月二日の聖別式と戴冠式の祝典が生中継でBBCによってテレビ放送されることを望んだことが示すように。女王の伝記を著したジャン・デ・カールは次のように書いている。

エリザベス二世は、テレビの誕生によって臣民の意識も変化している、と感じた。[…]一つ妥協が成立した。戴冠式は放送される、それは政治的行為だからだ。しかし聖塗油式、祈祷、聖体拝領の画像は放送しない。

この決定により、女王は英王室の現代性のあかしを全世界に示した。ウエストミンスター寺院における壮麗な戴冠式は、テレビ時代の到来を告げた。この大衆映像文化と切り離して語ることができない存在となったエリザベス二世は、テレビを通した自分のイメージに慎重に気を配りコントロールすることになる。たちまち、テレビの販売店には在庫がなくなった。セレモニーはユーロビジョンで放送され三億人の視聴者が見た。その内の二七〇〇万人はイギリスの人々だった。その後、エリザベス二世はふたたび、伝統の基本を守りながら、これまでの自分を否定することなく時代に適合する能力——これはいってみれば、彼女のトレードマークである——を発揮する。一九六〇年代末、社会が急速な変容をとげるなか、王室が古めかしく時代遅れとみられていると感じたエリザベス二世は王家の日常生活の一旦をかいまみることができる一時間半のドキュメンタリーの撮影を許可した。「ロイヤル・ファミリー」と題されＢＢＣに、後にＩＴＶによって放送され三〇〇〇万人の視聴者が見た…そこに映し出された、やや誇張されすぎといえなくもない、王家の気どりのない暮らしぶりに唖然とした者もいたようだ。

それからさらに歳月が流れ、ダイアナ元皇太子妃の死後、悲嘆に暮れている国民の気持ちに寄りそう対応が遅きに失した女王は、ふたたび世論を惹きつけなければならないと悟った。そうした努力の代表例をあげるなら、二〇一一年孫のウイリアムと平民のケイト・ミドルトンの結婚式、即位六〇周年記念式典、ロンドンオリンピックへの協力であった。ロンドンオリンピックの開会式では芸術監督ダニー・ボイル制作の小映画にまでも出演した。そのなかで女王は「今晩は、ミスター・ボンド！」とダニエル・クレイグに声をかけた。その後ヘリコプターに乗り、パラシュートで飛び降り（スタントマンだが）、オリンピック開会を宣言した。これは全世界で放映され、イギリス王室はまさに永遠で、ハリウッドから学ぶものはたいしてないことを見せつけた。

こうした、本質を否定することなく時代に適合して行くという意図は二〇一四年にも発揮され、八八歳でエリザベス二世は「エリザベスR（Rは、女王、王妃を意味するラテン語Reginaの頭文字）のアカウント名で初ツイートした。それ以降、女王はフェイスブックとインスタグラムのアカウントをもち、ユーチューブで演説を拡散するようにもなった。また、王室もインターネットのサイトを開設して、定期的に更新している。女王はまた、数年前から孫たちとメールを使ってやりとりしているし、コロナ禍ではビデオ会議でコミュニケーションをとっている。

コミュニケーションにかんするこのような進取の気性と迅速な対応は、英王室の継続的な人気の一面を説明しているに過ぎない。やはり、常に王座にまとわる神話的で神聖な部分無しではこの王室もおそらく、とっくに消滅していただろう。カンタベリー大司教に聖油を塗られて戴冠し、自分が果たすべき機能は神からあたえられた使命だと見なすエリザベス二世は、聖別された最後の君主の一人である。エリザベスは、ロラン・バルト［フランスの哲学者、批評家］が定義するところの神話――「実際の権力を待たないが、人間が作る法を超越する現人神の様な存在」であり、その威光は「実際の権力が小さくなればなるほど、大衆の無意識の中でいや増す」――そのものとなった。このエリザベス二世神話は、とりわけフランス人を魅了する。それは恐らく、ステファン・ベルン［ヨーロッパ王室の専門家］が以下のように鋭く分析している通り、フランス人が持っていないことにフラストレーションを抱えている要素を一身に集めているからだろう。

歴史的連続性、特定の、もしくは党派的な利害を超越した君主の中立的立場、そしておそらくはイギリス人がページェントリーと呼ぶ盛大なる儀典も。同じようなページェントリーは、フランス大統領であるエリゼ宮の豪華な広間でも展開されているが、君主のようにふるまう大統領の姿はフランス国民の目には、僭越《せんえつ》で、身のほどをわきまえない、と映ってしまうのだ。

もちろん退位など考えていないエリザベス二世という神話は、生きているうちにレジェンドとなった、という稀有な特質をもっている…そして、人生の黄昏時《たそがれどき》にアイコンになったというのは、究極的逆説そのものである。

†本章は、エリザベス二世が崩御する以前に執筆された。

◆原注

1　一九三一年に結成され、エリザベス二世を君主にいただくこの自由連合は現時点で、カナダ、オーストラリアおよびニュージーランドをふくむ一六の国を結集している。

2　「二つの世界批評」二〇二一年の七—八月号、「ザ・クラウンとアベルファンシンドローム」というタイトルの記事の中で。

＊参考文献

Bedell Smith, Sally, *Élisabeth II. La vie d'un monarque moderne*, Paris, Éditions des Équateurs, 2018.
Cars, Jean des, *Élisabeth II. La Reine*, *Paris*, Perrin, 2021.
—, *La Saga des Windsor*, Paris, Tempus, 2011.
《Élisabeth II》, *Légende*, n° 4, 2021.
《Le modèle britannique. Le sacré qui nous manque》, *Revue des Deux Mondes*, juillet-août 2021.
Rivère Isabelle, *Élisabeth II. Dans l'intimité du règne*, Paris, Seuil,《Points》, 2013.
Roche Marc, *Elle ne voulait pas être reine !*, Paris, J'ai lu, 2022.

18 エレン・ジョンソン・サーリーフ（一九三八年生まれ）
リベリアの孤高の星

ヴァンサン・ユジュー

君のあだ名を教えてくれたまえ。そうしたら、君がどんな人間なのか、どんな女性なのか、あててみせよう。「ママ・エレン」「マ・エレン」、「エリー」、「鉄の女」等々。選挙で選ばれたアフリカ初の女性大統領、リベリア人のエレン・ジョンソン・サーリーフは、苦悩と波乱に満ちた人生において、これらのレッテルを次々と、あるいは全部同時に背負ってきた。「ママ」や「マ」がイメージするのは、国民にとって母や祖母のような存在、時に威圧を、時に癒しを与える女家長、男には価値を認めず、同性に多くの美徳を見出す女性である。「エリー」というあだ名は、威厳があり、敢えて高飛車に出ることもあるこの先駆的女性のものとしては、ちょっとなれなれしすぎるかもしれない。そして「鉄の女」は、「鉄の女」であることを誇る女。鉄につきもののサビが、少し気になるが…。

預言者は自分の故郷では歓迎されないものだ［「キリストの言葉」］。二〇一一年にノーベル平和賞を受賞したしかめ面のマドンナは、いつも母国より欧米の大統領府や首相府で尊敬を集めてきた。オスロ、ロンドン、ワシントン、パリでは表彰され賞賛されるが、［リベリアの首都］モンロビアの貧民街では、大統領として期待が高かったがゆえに、激しい不満をぶつけられる。ジョンソン・サーリーフという二重姓そのものが、矛盾の色を帯びている。ジョンソン・サーリーフであり、ジョンソン＝サーリーフではない。ハイフンなしだ。ハイフンで結ばれていないことは象徴的だ。海に面し、異民族に囲まれたこの国では、三〇もの民族が困難をかかえながら共存し、ドレッドヘアのガンマンの残虐行為にさらされている。それにしても、二三歳で離婚したアルコール依存症の暴力的な夫の名、サーリーフを、彼女はなぜ名のりつづけたのだろうか。

そこに輻輳《ふくそう》し、引き裂かれ、不安定で断片的な自身のアイデンティティが反映されているからかもしれない。あるいはアメリカからアフリカ大陸に戻る解放奴隷を迎い入れるべく、一八二二年にアフリカ西岸にとうとつに作られ、四半世紀後に（アフリカ初の）独立共和国となった、リベリアという国の細分化されて脆弱なアイデンティティが反映されているからかもしれない。だまし絵のようなこのいつわりの理想郷は、たちまち困難な状況に追い込まれる。リベリア建国を支援したアメリカ植民地化協会[1]はさまざまな思惑が渦まく組織であり、熱心な奴隷廃止論者もいれば、反乱の種になりかねない解放奴隷を一刻も早く遠ざけたいと願う、大規模農場の経営者たちもいた。建国当初から、ウルトラ少数派で、白人との混血も多いアメリカ系リベリア人（コンゴとよばれた）が、土着の「先住民」を過酷な隷属状態に追い込み、アパルトヘイト的体制の原型をつくった。一九八〇年から始まった、サミュエル・ドウ曹長[2]による流血の混乱期をのぞけば、プロテスタントでフリーメーソンのアメリカ系エリート層が権力と知識を独占しつづけた。以来、リベリアと四五〇万の国民に光があたるのは、国を荒廃させる悲劇的事件で脚光を浴びたときか、あるいはよりまれなことだったが、象徴的人物のオーラが輝くときのみだった。これを時系列に沿って列挙すると、一九八九年から二〇〇三年までに二五万人が死亡し、一〇〇万人が難民となった、内戦とされる残虐な戦争、そして二〇一四年三月から二〇一五年一一月にかけて、四八〇〇人以上の男女子どもの命を奪ったエボラ出血熱の流行があった。アイコン的人物としては、マ・エレンはもちろん、彼女の政敵ジョージ・ウィア（元パリ・サンジェルマン、ACミランのストライカーで、現時点でアフリカ唯一のバロンドール受賞者）がいる。

かぼちゃと予言者

一九三八年一〇月二九日、エレン・ユージニア・ジョンソンはモンロビアで生まれた。当時のリベリア社会は、ばらばらに分裂していた。まぎれもなく現地生まれだが、すぐにアメリカ系リベリア人の待遇を受けるようになる。これには、ドイツ人貿易商だった母方の祖父から受け継いだ肌の白さが関係している。色白といっても比較の問題で、生まれたときから丸顔と赤みがかった顔色から、「赤かぼちゃ」という愛称でよばれていた。とはいえ、ずっと後のタイム誌のインタビューで、クラスメートにからかわれないよう、朝起きると自分が黒人になっている、というのが当時の夢のひとつだったと打ち明けている。[3] さらなる混乱の要因は、彼女の社会的血統だった。根強い伝統に従って、貧困家庭出身の両親ともが、幼いときからコンゴの家庭に預けられていた。父カーニー・ジョンソンは、ゴラ族社会の慣習を遵守する一夫多妻の大物の息子で、庇護者の援助をえて弁護士の法服をまとうまでになった[4]。その後は先住民として初めて下院議員に選出され、脳卒中で車椅子生活を余儀なくされるまで、ウィリアム・タブマン大統領の特使として活躍した[5]。幼いエレンは、ベンソン通りの実家の居間で、しばしば大統領の姿を目撃したという。母マーサは、セシリアとチャールズのダンバー夫妻の養子となり、教師・伝道師となった。だが夫の病気で仕事をあきらめ、家で作った惣菜を売って家族を養うことを余儀なくされた。

逆境にもかかわらず、「かぼちゃ」ちゃんにはお迎えの馬車が約束されていた。四人きょうだいの三番目にあたる「ミス・パンプキン」のゆりかごには、何人かの妖精が降りてきたようだ。そのなかに、「古老」と呼ばれる放浪の予言者がいた。老人は彼女の姿を見て、こう予言する。

「この子は重要人物となり、指導者となるだろう[6]」

この言葉は、冗談めかしてくりかえし少女の耳に吹きこまれた。

予言の実現にはまだ歳月を要したが、エレンは首都から北へ三〇キロほど離れた父カーニーの故郷ジュレジュアで、男兄弟やいとこたちと遊びまわっていた。木に登ったり、村を流れる川で舟あそびをしたり。「頑固で、おてんばな女の子」だったと、仲よしの姉で、大統領時代に秘書をつとめたジェニーは言う。この元気いっぱいの少女はやがてバレーボール選手として有望視されるが、それ以前には国民的スポーツであるサッカーに夢中になり、八歳にして男女混合チームで頭角をあらわした。この頃、大いなる失望を味わった経験が、その後の人格形成を左右することになる。地元の長老教会の信徒を前に、初めてスピーチをすることになったエレン。いつか教師のスモックを着ることを夢見る彼女は、前日に庭のグアバの木の下で原稿を暗記した。ところがいざ本番になると、その口からは一言も出てこない。屈辱に打ちのめされた少女は、泣きながら自分の席に戻った。

苦い結婚生活

そんなささいな挫折もあったにせよ、優等生の彼女はモンロビア最高の中等教育機関、ウェスト・アフリカ大学に進学した。二人の祖母がともに文盲だったことを考えると、たいへんな快挙だ…。ここから名門大学（できればアメリカの大学）への進学となるのだろうか。だがことはそう簡単には行かなかった。そもそも大西洋を渡っての留学をまかなうだけの資金がなかった。しかもここへ恋愛がからんでくる。相手は、アラバマ州の名門タスキーギ大学を卒業したばかりの新進気鋭の農学者、ジェームズ・サーリーフという愛想の良いハンサムな人物である。こうして一七歳のエレンは颯爽たる若者、ジェームズ（別名「ドク」）と結婚。二人は新郎の母マ・カリーと同居することになった。ジェームズは農務省に勤め、エレンは自動車修理工場の経理補佐の仕事についた。結婚から一〇か月後、長男のジェームズ（通称ジェス）[7]が誕生。その後、チャールズ、ロバート、アダマという三人の男の子がつぎつぎと生まれた。若い母親は熱心に子育てに取り組み、フォルクスワーゲン・ビートルに四人の子を乗せて教会に通ったり、おばあちゃんたちの家に遊びにいったりと、忙しく走りまわった。だがドクがウィスコンシン大学の奨学金をえると、自分もともに渡米し、マディソン・ビジネス・カレッジで会計学を学ぶことを決意する。学費をかせぐためにドラッグストアやガソリンスタンドで働いたりもした。そのころから、風向きが変わっていく。ジェームズはそれまでも独占欲・支配欲が強く、冷酷だった。とくに酔うと暴力をふるった。アメリカからリベリアに帰国してからも、事態は好転しなかった。財務省に採用された妻の帰宅が遅いと言って、妻を勤務先で平手打ちにしたという噂も流れた。さらに悪いことに、四人の子どもの面前で、妻に銃口を向けたりした。もはやこれまでと、エレンは離婚を申請し、受理される。

明暗いりまじった大西洋の向こう側での生活は、順境と逆境を行きつ戻りつする人生の始まりだった。その後の四〇年間、彼女の人生はシャトルバスのようにめまぐるしく変転する。アフリカとアメリカ、あるいはリベリアでの激しい政治的駆け引きと、銀行や国連の一員としての平穏な生活とを行きつ戻りつするのだ。けれど最後はみずからのルーツによびもどされることになった。ドロドロしたモンロビアの政界を生き抜くには、多少ともみずからの手をよごし、ときには命を危険にさらすことになるのだが…。

元ミセス・サーリーフは、率直な発言がもとで亡命に追い込まれることもあった。人前に出るとパニックにおちいっていた幼い教会員は、今や立派に成長していた。一九六九年には、開発問題にかんする会議で、ウィリアム・タブマン政権の乱脈な「クレプトクラシー（泥棒政治）」を糾弾した。アメリカ人の経済学教授が彼女の亡命を手助けした。その後、コロラド州立大学ボルダー校、ハーバード大学ジョン・F・ケネディ行政大学院へ進学し、二年後に行政学修士号を取得した。箔をつけた彼女は、タブマンの後継者、ウィリアム・トルバート大統領のもとで財務副大臣をつとめることになった。そして新たな衝撃発言で、告発者として名を上げることになる。リベリア商工会議所でのスピーチで、リベリアのビジネスリーダーたちが利益をためこんだり、海外に送金したりして、国を破滅に導いていると非難したのだ。

核心をつく裁断を下す彼女だが、それがかえって見識を狂わせることもあった。一九八〇年四月のサミュエル・ドウのクーデタでは、これを批判するどころか、リベリア開発投資銀行のトップの座を引き受けてしまう。ただしその後、クーデタ実行者たちの犯罪行為を知って驚愕し、職を離れる。クラーン族[8]の下士官だったドウは、トルバート大統領の抹殺を命じ、大統領はベッドの上で銃剣で殺害される。さらに報道陣の見守る中、閣僚一三人を首都の海岸で機関銃で殺害したとされる。こうして彼女は、ふたたび亡命生活へ逆戻りする。今度は世界銀行本店のあるワシントンへ、そこからさらにナイロビ（ケニア）へ。そこではシティバンク地域事務所ナンバー2の椅子が待っていた。

奇跡の捕虜

複数の選挙がおこなわれた一九八五年、離婚した母親はふたたび混乱するリベリアに身を投じた。一時は副大統領候補として、再選を狙うドウに挑んだが、上院議員の椅子を優先して選挙戦から撤退した。上院選では当選したものの、選挙で明らかな不正がおこなわれたとして、職を辞した。妥協を知らない言動で彼女は軟禁され、反ドウ派のクーデタが失敗した後、「扇動」の罪で一〇年の禁固刑を受けた。大胆にも軍部のボスたちを非難した不屈の彼女だが、服役は八か月ですんだ。国際社会からの強い圧力に押され、ドウ一派は一九八六年夏、彼女を釈放したのだ。こうして短かい獄中生活に終わったとはいえ、危険と苦悩に満ちた経験は彼女の脳裏に焼きついた。最初は酔っぱらった兵士の一団に逮捕され、海辺に生き埋めにするとおどされた。軍刑務所の過密な牢獄では、看守たちが彼女をおどすため、髪に火をつけようとした。ある夜、看守たちが独房の男たち全員をつれさった。一人残されたエレンは、自動小銃の発砲音を聞きながら、最後の時が来たと覚悟した。なぜ助かったのかは謎である。

命は助かっても、この刑務所は腐敗していて、レイプの恐怖はつきまとった。目の前で看守たちが半裸の女性を引きずり出そうとするのを見て、彼女はこう説教した。「そんなことをしてはいけない！母親のことを考えなさい！」。看守の一人が今度は彼女の番だとして辱めようとしたが、父親と同じ部族出身の将校が制止してくれたおかげで、なんとか難を逃れた。しかも将校は彼女を守るため、朝までドアの外で見張ってくれた。好意はうれしかったが、ひるむことはなかった。主張し、諭し、戒めたが、泣きついたりはしなかった。「わたしは厚かましいから、どんな時も泣かなかった」。二〇年後にそう打ち明けた彼女は、「心の強さ」は信仰心と一族の信条からきていると語っている[9]。出産時のストイックさは、手伝いに来た義母を驚かせた。涙もなく、うめき声もなく、泣き言もいわなかった。獄中での試練の後、ふたたびアメリカでの生活が始まった。今度はＨＳＢＣの頭文字で知られる香港上海コーポレーションの子会社のトップとしてである。

マ・エレンにとって、「歴史はくりかえす」。大統領選挙がおこなわれる一九九七年が近づくと、彼女は国連開発計画（ＵＮＤＰ）アフリカ担当ディレクターとしての安定と名声をすて、武装組織の指導者、チャールズ・テイラーとの選挙戦に挑む。テイラーはかつて、悪夢のようなサミュエル・ドウの支配に終止符を打ったため、不覚にも支援してしまった人物である。[10] それは彼女の輝かしい経歴のなかでも、痛恨の一ページだった。横領罪でアメリカに収監されていたテイラーは、ボストンの刑務所を脱走し、「導師」と仰ぐリビアのムアンマル・カダフィの援助を受けて祖国に反乱勢力を結成。一九八九年の大晦日、アメリカ人とリベリア人の血を引くこの男は武力反乱を引き起こした。首都モンロビアへの進軍では、同じ「軍閥」のプリンス・ジョンソンに先を越されたが、流血の包囲戦をへてこれを追放する。これが七年にわたる不幸の始まりだった。

もちろんリベリアの「鉄の女」も、最終的にはこの男に一万ドルを寄付したことを認めざるをえなかった。テイラーはドウ政権の金庫番としてアメリカに滞在中、自分の手を通過するカネをかたっぱしから懐に入れることから、「強力接着剤」とあだ名された悪人である。二〇〇九年二月、みずからが創設した「真実和解委員会（ＴＲＣ）」の聴取を受けた彼女は、悔恨の思いをこめてこう語った。以下、原文通りである。

「わたしが国民に謝罪しなければならない行為があるとすれば、それはテイラー氏にだまされたことです。私はそのことで良心の呵責を日々覚えています」

告白の数か月後、彼女は以下のように発言を訂正している。

「テイラーの真意がわかっていたら、だれよりも熱烈かつ断固として反対していたでしょう」

この言い分は少々まゆつばだ。支援した相手に裏切られた被害者という説明は正確ではない。エレン・ジョンソン・サーリーフはかつてリベリア民族愛国戦線（ＮＰＬＦ）の「国際コーディネーター」だったが、この組織はテイラー一派の武力攻勢を宣伝する政治組織だったからだ。また寄付した資金や食料が、カダフィに支援されたテイラーの軍事訓練施設に送られていることを、彼女が知らなかったはずはない。さらにテイラーの元妻、ジュエル・ハワード・テイラー上院議員の支援を受けていたことも、彼女は否定していない。とは言え、とんでもない盟友と早めに縁を切ったのは正しかった。同様に――贖罪のため？――国内外でテイラーを戦争犯罪で告発するよう運動したのも、ひとつの功績である。それでもなお、テイラーとのかかわりは、原罪として重くのしかかっていく。真実和解委員会（TRC）が三年にわたる調査の末、二〇〇九年六月に発表した報告書では、「旧戦争派閥の一つ」に関与したことを理由に、今後三〇年間公職につくことを禁止すべき五〇人の議員・高官のリストのなかで、彼女は一二番目にあげられている。ただしこのリストは最高裁で違憲と判断され、有効性を失っている。

話を戻そう。選挙の結果、モンロビアの支配者テイラーは、彼を支援したことを懺悔するサーリーフに対して圧勝した。彼女に投じられた票は一〇％未満、テイラーの票は七五％だった。「彼はわたしの母を殺し、わたしの父を殺した。それでもわたしは彼に投票する」というテイラーの皮肉たっぷりのスローガンに、選挙民はそっぽを向くことはなかった。サーリーフはふたたび国外脱出することになる。今度は隣国コート・ディヴォワールへの移住だった。

エレンの「一二偉業」

再挑戦が始まったのは、二〇〇五年の大統領戦。ジョージ・W・ブッシュ米大統領がリベリアに米軍部隊を大量に派遣し、選挙を厳重に監視したときのことだった。第一回投票ではジョージ・ウェアに大差で引き離されたが、統一党候補のエレンは五九・四％対四〇・六％というみごとな逆転でウェアを破った。サッカーの元花形選手だったウェアは、政権にくわわるようよびかける彼女の声にも耳をかさず、「大規模な不正行為」を指摘して敗北を認めず、彼の支持者と警察との間に激しい衝突が起こった。だが暴動によって事態が変わることはなく、アンゲラ・メルケルがドイツ首相に就任する二週間前、エレン・ジョンソン・サーリーフは最高指導者の地位にのぼった。一月一六日、エレンはやや時代錯誤な厳粛な就任式で宣誓をおこなった。アメリカのローラ・ブッシュ大統領夫人、コンドリーザ・ライス国務長官、さらにナイジェリアのオルセグン・オバサンジョ、南アフリカのタボ・ムベキをふくむ多くの大統領ら、三〇〇〇人の招待客が列席した。シルクハットや燕尾服、カラフルな民族衣装が居ならぶなか、当日の主役は頭からつま先までアイボリーの衣装をまとい、左肩に大きなストールをかけ、紫のベルベットと金箔をほどこした堂々たる玉座に向かってゆっくりと進んでいった。選挙戦の集会で見せたジーンズに白のポロシャツ、野球帽というういでたちで、群衆にキスを送り、しわの刻まれた顔に輝くばかりの笑顔を浮かべた姿とは大ちがいである。マム・エレンはその長い演説で至高の神についてしばしば言及しつつ、「一五年間の戦争がもたらした物理的破壊と道徳的衰退を克服する」ことを誓い、同胞に「忘れない、だが許す」ことをよびかけた。そして、「子どもたちに笑顔をとりもどしたい」と結んだ。

そのためには、まちがいなく創造主の助けが必要だった。なにしろ新大統領が引き継いだ国の荒廃ぶりは、本人も認めたように、想像をこえるものだった。サーリーフをめぐる神話は、ヘラクレスの一二の偉業［英雄が罪を清めるために課された一二の難題］に匹敵する試錬だった…。四半世紀近く武力によって支配されてきたこの破綻国家は、衰弱し、借金にあえぎ、荒れはて、汚職にまみれていた。経済は疲弊し、一九八〇年に推定八〇〇ドルだった一人当たり年収は八分の一にまで低下。国民の三分の二は一日一・二五ユーロ以下で生活していた。失業率は八五％、非識字率は人口の四分の三近くに達した。国の借金は国家予算の七倍。インフラは惨憺たる状態。医療と教育は停滞したまま。平均寿命は四七歳。乳幼児の死亡率はマラリア、黄熱病、腸チフス、肝炎などによって驚異的数字に達していた。ＨＩＶ（エイズ）には成人の一六人に一人が感染していた。モンロビアでも内陸の奥地でも、荒廃したタウンシップ（スラム）には飲料水も電気もない。大統領が取り組むのは、なんという難事業だろうか…。

男子禁制の誘惑

太陽のメダルをあしらったプリーツ入りのターバンをまいた大統領は、世界中を飛びまわって悪魔の巣窟のような祖国の支援を訴えた。二〇〇六年三月、彼女は国際女性デーのゲストとしてパリを訪れた。ユネスコや協力省でのシンポジウム、有力財界人との昼食会、オルセー宮での晩餐会、エリゼ宮でのシラク大統領との会談などがあいついだ。その後、通いなれた大西洋を渡って米議会での演説で盛大な拍手を受け、国連安全保障理事会でもスピーチをおこなった。安保理ではリベリアの貴重な財産であり、不幸の原因でもあるダイヤモンド取引[11]の禁輸解除と、ナイジェリアに亡命していたチャールズ・テイラー（またしてもこの男）の身柄引き渡しを要求した。

不吉な予兆なのだろうか。大統領就任から半年後、「エグゼクティブ・マンション」とよばれる大統領官邸で火災が起きた。それでもつかのまの官邸暮らしから、外務省最上階へと執務室を移動。夕方には私邸に戻った。そんななかで、縁なしメガネをかけた大統領の訴えは人々の心にとどいた。雄弁、オーラ、銀行家・国連職員としての専門知識によって、彼女は債務の大半の免除をとりつけ、大型投資を誘致する一方、頓挫していた契約の再交渉にも取り組んだ。たとえばゴム材料のラテックスを確保したい巨大企業ファイアストンや、鉄鉱石を求め、直接雇用三五〇〇人、間接雇用一万五〇〇〇人を約束していた鉄鋼メーカー、ミタルなどとの契約だ。さらに、人気者のウェアにも勝利したこの女性は、少年兵出身の、職のない荒くれ者たちの救済にも尽力した。大統領令により、小学校は——少なくとも理論上は——無料化・義務化された。医療・教育などのベーシックサービスには、自立主義（助成金に頼らずに寄付金等で運営すること）をも取り入れた。マ・エレンは半年以内にモンロビアに水道を普及させると約束した。自由の確立にも取り組んだ。アフリカとしては異例の、報道の自由が法制化された。とはいえ、会計の専門家だった彼女は理想ばかり追うことはなかった。その口癖はこうだ。

「なによりも発想を転換し、誠実さと勤勉さを心がけることです」

リベリアで最も有名な離婚経験者である彼女は、女性のほうがこうした価値観をそなえていると信じていた。選挙戦では女性の友人が市場や村をまわり、女性たちに投票登録を説得して回ったという経緯もあり、一時は女性だけの内閣を構想したこともあった。ただ特定の役職にふさわしい能力をもつ女性がいなかったため、断念している。それでも二度の任期中、財務・国防・外務・貿易・司法・青年・農業など、多くの重要ポストを「姉妹」たちに与えた。より多くの女性が権力をにぎれば、アフリカはより平和になるのかと、タイム誌の記者は質問している。

「まちがいありません。能力・資格・経験が同等なら、男性にはない特性を仕事で発揮してくれるでしょう。人類に対する感受性。これは母性からくるものでしょう」

ようするに、「国母」は傷を癒す女魔術師になろうとしていたのだ。こうした本質主義的な考え方は、スピーチやインタビューにも表われている。女性政治家は「必要な道徳的公正さを資質としてそなえ」、「より真面目、より誠実で、より腐敗しない」のだという。二〇一〇年三月のニューヨーク・タイムズ紙のコラムで、彼女はこう主張している。

「わたしが働いていたところでは、スキャンダルや逸脱行動があるたびに、それは男性のしわざでした」

その三年前、マ・エレンの以下の発言を、ボストン・グローブ紙は「独特な母性型リーダーシップ」と形容している。

「母親としては、人々に何が必要かを心得ています。祖母としては、わたしたちの未来を考えています」

とはいえ、模範としている人物をたずねられると、女性では二〇〇四年にノーベル平和賞を受賞したケニアの環境保護活動家ワンガリ・マータイのみをあげ、男性はネルソン・マンデラ、タンザニアのジュリアス・ニエレレ、バラク・オバマの三人をあげている。オバマは「無条件の称賛者」として彼女に称賛を返した。しかし、もう少し微妙な賛辞を向けられることもあった。たとえばガーナの国家元首ジョン・クフオールが、二〇〇五年の大統領選での勝利直前に贈った賛辞がそうだ。エレンが「女性大統領に問題があるのですか」と問うと、クフオールは「私はあなたを女性とは思っていません」と答えたのである。[12]

家族の問題

課題が山積するなか、「小市民」たちは彼女を信頼した。「ダ・ウォマ・シー・トゥラ・ハ・ベス」というピジン英語（クレオール化した英語）が、スラムの路地裏でささやかれた。「あの女性はベストをつくしている」という意味だ。[13] だがまたたくまに当初の信頼は崩れ去っていった。大臣の入れ替わりの激しさ――最初の六年で二〇人ほどの大臣が更迭された――が示すように、汚職撲滅運動が実施されたものの、これは早い時期からいきづまりを見せた。もちろん「ダ・ウォマ」はこの「悪性の癌」を「公共の敵ナンバーワン」に指定し、就任と同時に特別委員会を設立していた。委員会の網にかかった大物のなかには、議会の議長や彼女の所属政党の党首もふくまれた。もちろん、公務員の行動規範も定め、就任するやいなや財務官僚を全員停職とし、再雇用は誠実さと能力のみを基準におこなうと宣言した。もちろん、国有企業に対しても国際監査チームを設置した。だがこうした「ゼロ・トレランス」政策は、長年、汚職にどっぷりとつかってきたエリートたちから、たちまち抵抗を受ける。しかも汚職の害毒は彼女の親族にまで広がっており、エリート層にはネポティズム（縁故主義）の悪臭がしみついていた。

二〇一〇年二月、マム・エレンは従兄弟アンブライ・ジョンソン内務大臣の解任に追い込まれる。アンブライは政権の中心人物であり、彼女の不在中はたびたび大統領代理をつとめていた。元夫ジェームズと別の女性との間に生まれた義理の息子フンバは、国家安全保障局のトップに抜擢されたが、恣意的な逮捕や拷問にかかわったとして職を追われた。長男ロバートはノースカロライナ州の投資銀行家だったが、母の大統領顧問となり、国営石油会社ノカルの会長に就任した。もう一人の息子チャールズは、中央銀行副総裁の座についた。何がいけないのだろうか。チャールズは「経済への妨害行為」で告発され、彼をふくむ一五人が二〇一八年九月に出国禁止令を受けている。さらに翌年には違法な銀行券印刷でも起訴されたが、二〇二〇年五月に釈放となった。

ジョンソン家のリチャードはどうなのか。二〇一七年一一月、国際調査報道ジャーナリスト連合が公表した「パラダイス文書」には、祖母とともに彼の名が登場する。この文書は、国際的な脱税スキームにかかわる流出文書として公開されたものだ。ジョージアの病院で救急医をしている末っ子アダマの行動も、同様に物議をかもした。エボラウイルスが多くの死者をもたらした二〇一四年一〇月、彼は帰国をこばんだ。その二か月前、母親のエレンは海外に逃亡した官僚たちを解任し、協力国に医師と看護師の緊急派遣を要請していたのにもかかわらず…

マ・エレンは大統領職を一期で退任すると表明していた。だが二〇一一年秋の任期切れが近づくと、二期目の出馬を決断する。そして「継続の必要性」と「継続のメリット」——任期切れを前にした為政者が口にする常套句——を訴えはじめる。こんな言葉で。

「レガシーを残し、自分が貢献できたと思えるようにしたい[14]」。

そう言われれば、反論することはできない。

両刃のノーベル賞

エレン・ジョンソン・サーリーフが属する統一党の闘士たちと、対抗馬である民主変革会議の代表ウィンストン・タブマンの支持者たちとの死闘の末、大統領候補サーリーフと副大統領候補ジョゼフ・ボアカイのチームは四四％の票を獲得した。その後の決選投票は形だけのものとなった。タブマンとウエアのコンビが、選挙戦に「大規模な不正行為」があったとして選挙戦から撤退したからだ。負け惜しみだろうか。そうかもしれない。だが第一回投票の四日前にノーベル委員会がエレンを受賞者に選んだことが、少なからず選挙戦の公正さをそこなうものであったことはまちがいない。「エリー」の受賞が、同じリベリアの不屈のフェミニスト、レイマ・ボウィ[15]、イエメンのジャーナリスト、タワックル・カルマンとの共同受賞だったとしても。あるいは彼女が、リベリアの「下層」の関心を引くことのない、寒い国からの賞をひけらかさない良識をもっていたとしても。エレンは、受賞は「偶然の一致」と受け流したが、対向陣営は「受け入れがたい」干渉であり、「ふさわしくない」受賞とかみついた。

ほんとうに「ふさわしくない」受賞だったのだろうか。選定にあたったノーベル委員会は、三人の受賞を通して「女性の安全と、平和構築活動への完全参加の権利を求めた非暴力的な闘い」を表彰したかったのだという。二か月後、マ・エレンがニューヨーク・タイムズ紙に寄せた「アルフレッド・ノーベルが女性に残したもの」という記事を否定するのは、事実をねじまげることになるだろう。地下牢の暗闇で、兵士の襲撃を間一髪で逃れた女性は、こう書いている。

「国際裁判所は、戦争の武器としてのレイプが人道に対する罪であることを認定しているが、無政府状態のもとでレイプの悲劇はなくならない。過去二〇年間、レイプによって残酷におとしめられてきた、あらゆる年齢の姉妹・娘の数は想像を絶する。私たち女性は体を切り刻まれ、夢を奪われることによって、武力紛争の代償を支払ってきた。血と涙と尊厳をもって、それを支払ってきたのだ」

大統領に再選された「鉄の女」は、こうした問題についてゆるぎない信念をもっていたものの、選挙に勝つための妥協にかんしてはそれほど志操堅固とは言いがたかった。チャールズ・テイラーに続き、今度はプリンス・ジョンソンの存在が影を落とす。この悪人からの疑問符のつく支援を、彼女は断わろうとしなかった。今や上院議員となったこの先住民出身の民兵指導者は、一九九〇年九月、独裁者サミュエル・ドウを拷問によって殺害したことでなによりも有名だ。アフリカ全土に流出したおぞましい動画のなかで、プリンス・ジョンソンはビール片手に、元大統領への残虐な暴行に指示をあたえていた。

ウイルスがもたらす大災害

サーリーフ大統領の二期目は、リベリアの医療体制の不備や国際援助への過度の依存を浮き彫りにした、エボラ出血熱の災禍にみまわれ、一期目の問題点をただすにはいたらなかった。貧困は続き、汚職はたえず、教育は遅れたままだった。真の和解も正義もない。そして戦争犯罪者は決して裁かれない。ニューズウィーク誌の二〇一〇年版「地球上で最もすぐれたリーダー一〇人」に選ばれるなど、海外からの賞賛があいつぐ一方で、国内では非難が渦まいていた。彼女のリベラルな傾向や、アメリカの「グル」とのつながりを批判する声も多かった。二〇〇八年八月には、ダイヤモンド産業のデビアス社CEO、ニッキー・オッペンハイマーとの共同声明で、競争を称揚し、アジアからの投資を歓迎しているではないか、と指摘された[16]。また反「ソドミー」法の廃止をこばむなど、同性愛問題への態度が煮えきらないとの批判もあった。だが彼女を性急に断罪するのはまちがっている。エレンは敬虔なメソジストである一方で、同性愛の抑圧を強化する二つの法律の発布に反対してもいるのだ。同性愛合法化の試みが政治生命を失う最短ルートであることは、重々承知のうえで…

環境保護や生物の多様性を訴える人々は、彼女の負の側面といえる、もう一つの「罪」を指摘する。領土の三分の一を伐採・採掘・大規模農業の企業に渡し、一〇〇万ものリベリア人が自分の住む集落や畑、聖地へのアクセスまで奪われたことである。こうした不満を、鉄の女は気の短い学校教師のような口調で一蹴する。マレーシアの大手アグリビジネスの悪業を告発する人々に、彼女はこう言い放つ。

「あなたがたは自分の国の政府をつぶしたいのですか。［…］投資家が撤退して、リベリアが昔に逆戻りするのを見たいのですか」

二期目のなかばになると、リベリアは過去に逆戻りするどころではなく、エボラ出血熱の闇に閉ざされた現在にまきこまれていく。ゴム、鉄、パーム油の価格は下落し、モンロビアの港は活気を失い、インフレが高進した。二〇一四年夏、マ・エレンは非常事態を宣言し、夜間の外出を禁止し、学校と市場の閉鎖を命じた。さらに大幅な大統領権限の拡大を求めたが、国会議員たちに拒否された。保健省の中庭に救急車の姿はなく、真新しい四輪駆動車ばかりがならんでいるのを見て、モンロビアの人々の不信感は最高潮に達した。隔離されたスラム地区ウェストポイントでは暴動が起きた。「国母」は、警備員に殺された一〇代の若者の両親のもとへ、弔問に訪れなければならなかった。

すでに見てきたように、しかめつらにモワレ加工のターバン、真珠の首飾りをつけた小柄なサーリーフには、何かというと態度を硬化させる傾向がある。威圧的でぶっきらぼうになり、頑固なまでに執着する。砂けむりのあがる道路の真ん中で、アメリカ人とナイジェリア人のボディーガードに護衛された車列を止め、敷きつめたばかりのレンガの品質をチェックしたりする。昼食の最中、唖然とするウェイトレスを指さし、「あなた、税金を払っていますか」[17]と問いかけることもあった。

孤高の星のように

それでもこうした資質は、最もきびしく彼女を批判する人も認めている。サハラ以南の多くの国の指導者とちがって、マ・エレンは憲法を改訂してまで三期目をめざすことはなかった。この決断は、以下のような考え方にもとづいている。

「国民はそれを受け入れないでしょう。わたしの年齢も、それを許さないでしょう」

任期満了を前に、彼女は皮肉交じりに語っている。その時が来たら「ひたすら本を読み、泳ぎ、休むことにしましょう」。そして、不眠症に悩む夜を楽しくしてくれるジグソーパズルに夢中になることも。モザイクのように分裂した国の舵とりをしてきたのだから、そう思うのも当然だろう。だがある汚点が平穏な退場を不可能にする。二〇一八年一月、政権移譲の前夜、退任する大統領は「綱領違反」を理由に統一党から除名されるのである。一二年間、彼女の副大統領をつとめたジョセフ・ボアカイ候補ではなく、政敵だったジョージ・ウェア候補を支持したことは確かなのだ…

リベリアの外では、八三歳の「マ・ノーベル」の引退生活は多忙をきわめ、あいかわらずさまざまな栄誉も受けている。二〇一七年にモ・イブラヒム財団から授与された「アフリカン・リーダーシップ・エクセレンス・アワード」にはじまり、その二年後には世界保健機関（ＷＨＯ）の親善大使に就任、その後もニュージーランドのヘレン・クラーク元首相とともに、パンデミック予防をめざすＷＨＯ独立調査委員会の共同委員長に就任した。さらに、「エレン・ジョンソン・サーリーフ大統領女性・開発センター」の長として、マンデラ氏が中心となって二〇〇七年に結成された、年長の賢人たちによる国際組織「エルダーズ」にも参加している。さらに二〇二一年秋にはアフリカ連合から依頼され、三人の元首脳の一人として、大規模な紛争の続くエチオピアの反乱地域、ティグレ州の和平にも取り組んでいる（ちなみにこの取り組みは失敗している[18]）。

「リベリア共和国元大統領、女性の権利の擁護者、一二人の孫の祖母、農民」。二〇二二年六月、ツイッターのフォロワー八万六七四四人に向けて、彼女はこう自己紹介している。リベリアの国歌はローンスター（孤高の星）を称揚している。たしかに言えることは、嵐や逆風のなかでも、エレン・ジョンソン・サーリーフは自分自身を信じることをやめなかったということだ。

◆原注

1　一八一六年にロバート・フィンリーが設立したアメリカ植民地協会は、当初から奴隷廃止論者に批判されていた。アフリカ系アメリカ人の数を減らすため、アフリカ大陸への移住を進めることを主目的とした団体だった。もともと奴隷制廃止にも、奴隷解放にも反対のメンバーたちは、一八二一年にセントポール川河口に土地を購入した。これが後のリベリアの土台となった。

2　一九五一年生まれのサミュエル・カニョン・ドウは、一九八〇年四月にウィリアム・トルバート大統領を打倒し、贖罪人民評議会を設立、その五年後に正式に大統領に就任した。チャールズ・テイラーや、そのライバルであるプリンス・ジョンソンの反乱を受け、一九九〇年九月九日、後者を支持する反乱軍に捕らえられ、拷問により死亡。その独裁体制は崩壊した。

3　タイム誌、二〇一一年一一月二八日。

4　ゴラ族はリベリア西部とシエラレオネ東部に住む少数民族。

5　一八九五年一一月生まれのウィリアム・タブマンは、一九四四年から一九七一年に亡くなるまでリベリアを統治した。その統治下では、外国からの投資が流入したことと、国民統合をめざす真剣な取り組みがなされた結果、国は近代化され、相対的な繁栄を享受した。だがその一方で、彼の統治はやがて、独裁的とまではいかないものの、権威主義的な方向へと向かっていった。

6　これが実際の言葉がどうかは不明だが、エレン・ジョンソン・サーリーフは二〇〇九年にハーパーコリンズから出版された自伝のタイトルに、この言葉を用いている。『この子は大いなる者となる——アフリカ初の女性大統領の驚くべき人生の回顧録 This child Will Be Great: Memoir of a remarkable life by Africa's first Woman President』のなかで、彼女は「おそらく彼は予言者だったのでしょう」と、少なからぬ確信をもって老予言者のことを記している。「なぜならわたしは良い仕事をしたと信じているからです。リベリアの歴代大統領のなかで、わたしが最も優れた大統領であることは、歴史が証明してくれるでしょう」

7　銀行、ついで石油業界でキャリアを積んだジェームズ・サーリーフ・ジュニアは、二〇二一年一二月、六五歳の誕生日の数日前にモンロビアで死去した。

8　クラーン族は、一六世紀から現在のリベリア内陸部とコート・ディヴォワールに定着しており、クルー語族に属している。

9　ロサンゼルス・タイムズ、二〇〇七年一月二五日。

10　一九九七年から二〇〇三年まで大統領を務めたチャールズ・テイラーは二〇一二年五月三〇日、シエラレオネ特別法廷で戦争犯罪と人道に対する罪で懲役五〇年の判決を受けた。白人のアメリカ人とアメリカ系リベリア人女性の息子であるテイラーは、リベリアと境を接する小国シエラレオネを引き裂いた非道な紛争（一九九一～二〇〇二年）において、決定的な役割を果たした。現在もイギリスで服役中のテイラーは、裁判でエレン・ジョンソン・サーリーフを「旧友」と形容した。

11　アフリカの多くの武力紛争での戦利品であり、紛争の種にもなった「血のダイヤモンド」は、密輸が横行し、国連がその対策に苦慮している。二〇〇〇年、国連はシエラレオネの反乱軍、革命統一戦線を支援し、武器を供与する代わりに血のダイヤモンドで私腹を肥やしたとして、チャールズ・テイラーを告発した。

12　ワシントン・ポスト紙、二〇〇五年一〇月五日。

13　ロサンゼルス・タイムズ紙、二〇〇七年一月二五日。
14　ニューヨーク・タイムズ、二〇一〇年三月五日。
15　混乱のなかの幼少期、苛烈な戦争のトラウマ、そして篤い信仰心で知られるレイマ・ボウィは、長年にわたりリベリア市民社会を代表する人物として輝きつづけてきた。二〇〇二年、ルーテル派の信者である彼女は、好戦的な男性社会に風穴を開けるため、「セックス・ストライキ」運動を開始。その影響は限定的であったものの、メディアの注目を集めた。二〇一一年秋に平和・和解委員会（本文中の真実和解委員会とは異なる）の代表に選ばれたが、腐敗と縁故主義が続いていることを理由に、一年後に辞任している。
16　インターナショナル・ヘラルド・トリビューン、二〇〇八年八月二九日。
17　フィナンシャルタイムズ紙、二〇一六年三月一八日。
18　二〇二〇年一一月四日、ティグレ紛争が勃発した。前年にノーベル平和賞を受賞したアビィ・アハメド率いるエチオピア連邦政府と、幹部がアディスアベバで長く権力をにぎってきた反政府勢力のティグレ人民解放戦線が対峙する紛争である。アハメド首相は、一時は隣国エリトリアからの援軍をえて、二〇二一年末に敵の攻勢を阻止することに成功した。援助物資が届くまでに時間がかかるため、民間人の被害はいっそう深刻なものとなっている。

＊参考文献

Ciment, James, *Another America. the Story of Liberia and the Former Slaves Who Ruled It*, New York, Hill & Wang, 2014.
Clegg III, Claude A., *The Price of Liberty. African Americans and the Making of Liberia*, The University

of North Carolina Press, 2004.
Cooper, Helene, *Madame la Présidente,* Genève, Éditions Zoé, 2018.
—, *La Maison de Sugar Beach*, Genève, Éditions Zoé, 2011.
Gbowee, Leymah, *Mighty Be Our Powers. How Sisterhood, Prayer and Sex Changed a Nation at War,* New York, HarperCollins, 2011.
HuBand, Mark, *the Liberian Civil War,* Londres, Routledge, 2013.
Johnson Sirleaf, Ellen, *This Child Will Be Great: Memoir of a Remarkable Life by Africa's First Woman President*, New York, HarperCollins, 2009.
Mcpherson, J. H.T., *History of Liberia*, Human and Literature Publishing, 2021 (livre électronique).
Paulais, Thierry, *Le Liberia. Une singulière histoire*, Paris, Le Cavalier Bleu, 2018.
Scully, Pamela, *Ellen Johnson Sirleaf,* Ohio University Press, 2016.

19 アウンサンスーチー（一九四五〜）
父親の名のもとに

セバスティアン・ファレッティ

国民の敬愛を集めたその人は、ヘッドライトのように闇を照らし、やがて漆黒の夜にのみこまれていく。アウンサンスーチーの運命には悲劇の香りが漂う。この運命は、誇り高く一徹な、ラシーヌの悲劇のヒロインさながらの彼女にずっしりとのしかかる。彼女のきゃしゃな肩をすっぽり覆う重いコートのように。一九四七年に、対英独立戦争の英雄であった父、アウンサン将軍が暗殺されて以来、「レディ」は、横柄とも受け止められかねない貴族的な態度と固い決意をもって、歴史の逆風に立ち向かってきた。国を離れ緑ゆたかなイギリスで暮らし、その後ビルマに帰還するまで、理知的で意志堅固なこの女性は、預言者のような確信をもって全ビルマ国民の民主主義の希望をになって前進し続けた。軍事政権下で軟禁され、家庭の幸せを犠牲にし、一九九一年ノーベル平和賞を受賞した彼女は、二〇一五年の選挙で勝利し、民主的に選ばれた初のミャンマー政府の首相になった。しかし、この時も「運命に選ばれし者」として自分の勝利を平然と受け止めていた。父の公約をなしとげ、彼女は五〇年間にわたる全面的な軍事独裁制に終止符を打った。ロヒンギャ虐殺についての沈黙と、尊大な統治のスタイルで西欧社会の信用を失ったあげく、民主化の先導者はついに二〇二一年二月一日、宿敵であるミャンマー国軍にふたたび捕らえられた。ミンアウンフライン将軍の軍事クーデターは、過去にすでに二〇年近く監禁されていた彼女の自由をふたたび奪った。国民と永遠によりそいつづけ、世界に冠たる指導者でありながら失意の底に沈むスーチーにふりかかる究極の試練は、彼女を伝説の高みにまで引き上げている［一九八九年に当時の軍事政権が国の正式名称をビルマからミャンマーにあらためた。本文中、一九八九年以前の国名はビルマ、以後はミャンマーと表記する。それ以外の記述についてはビルマと訳出する］。

意志堅固な女性

まずなによりも、威圧を感じさせるほどの堂々たる風貌である。周囲を凍りつかせるような尊大な態度だが、ときおり見せる弾《はじ》けるようなほほえみが訪れた面会者をなごませてくれる。アウンサンスーチーのシルエットはほっそりして手足が長く、顔をおおう漆黒の長い髪には年月をへて白いものが混じっているが、あらゆる苦難をものともせずに、いつもすっくとした立ち姿である。どこをとっても上流階級の作法が板についているのは、国土の中央に広がる平野部を支配してきたビルマ人の良家の出であり、ヤンゴンのイギリスメソジスト系の学校に通い、後にはオックスフォードで学んで、超一流のイギリス流作法を身につけたからである。二〇二一年五月のこの日、ネーピードーで形ばかりの裁判が行われ、被告席についた「レディ」は毅然とした態度を崩さなかった。その琥珀色をした顔は外科用マスクで半分隠れていた。髪をポニーテールにまとめていたために露《あらわ》になった肩のあたりは年齢のため少し丸くなってはいたが、ビルマ風の白いぴったりとしたシャツに身を包んでいた。ただ、過去に民主派が勝利し、「ミャンマーに春が来た」時にスーチーの髪を飾っていた色とりどりの花飾りは、今回はなかった。ドー・スー（「スーおばさん」）――民衆は敬意をこめて彼女をそう呼んでいる――は判事たちを正面からまっすぐに見すえ、「エリート」らしい自信に満ちた態度で立ち向かった。

七六歳になる彼女は長期にわたる裁判の判決を落ちつきはらって待っていた。この判決は永遠の敵であるミャンマー国軍、通称タッマドーが仕組んだ政治的な報復の様相を呈している。彼女には一〇〇年ほどの禁錮刑が課される可能性がある。実質的には終身刑であり、超法規的に政治生命を断つ狙いがある。検察側は最も重大な「騒乱」罪から、じつにささいなトランシーバーや金塊の密売といった微罪までならべたてた。彼女は身じろぎもせずに聞いていた。二〇二一年二月一日の夜明けに、電撃的なクーデターによってネーピードーの自宅で解任されたスーチーをこきおろすためならなんでもあり、だった。クーデターは、彼女の体制にとって二期目となる最初の議会招集の数時間前に起こった。「国家顧問」――事実上の首相であるが――であるスーチーは総選挙でふたたび勝利をおさめたばかりで、人口五千四百万人のこの国の民主化を加速させ、国軍系政党を得票数で圧倒してさらなる屈辱をあたえた。だが、シンボルを倒すことは可能だろうか。「やつらが彼女の髪の毛一本にでもふれようものなら、この国は空中分解するだろう」と打ち明けるのは「マックス」という仮名で語るヤンゴンの若いデモ隊の一人である。彼が身を投じた反乱軍は、退役の数か月前に戦車で権力を掌握し、新たに最高権力者になったミンアウンフライン将軍と対決している。

過去の長期にわたる軟禁につぐ今回の拘束にも、指導者の地位から引きずり降ろされて言葉を奪われたスーチーは動じることなく、毅然とした態度をとりつづけている。彼女の栄光の時期に訪問した者は、だれもがその固い決意に感銘を受けた。ミャンマー駐在のある大使は語る。

「この人はなかなかの人物だ。その容姿には威圧するものがある。つねに貫禄十分で、ブルジョワ階級らしい高圧的な態度をとる。彼女と一緒だとくつろいだ気分になれない」

また、ジャーナリストのブリュノ・フィリップは、スーチーと自宅で会うことを許された人物だが、こう証言する。

「会ったとたんに強い印象を受けるのは、堂々とした風貌のほかに、その視線である。黒いまなざしが錐のように鋭く取材する者の目に突き刺さる。全身全霊で説明し、説得しようとする気迫がみなぎっているように見える」

アウンサンスーチーとの会見は沈黙で始まる。きゅっと結んだ唇から完璧な英語が発せられ、こちらの緊張を解きほぐそうとはしてくれない。だが、彼女は婉曲な言い回しにイギリス流のユーモアをこめることにたけている。「ユーモアは生き残るための一つの要素です」と彼女は言う。エレガントですらりとした「マダム・ヤンゴン」は、いわばアジア版のアンティゴネー［ギリシア神話に登場する悲劇の王女］ともいうべきカリスマ性を武器に、民主化への希望と、孤独でときには傲慢不遜な権力の行使をうまく組み合わせて自身の伝説を紡いできた。

一九九〇年代初頭、国民民主連盟（ＮＬＤ）の花形であったスーチーは、時の軍事政権により自宅に拘束され、監視される身となっていたが、彼女の元へ世界中から訪問客がやってきては感銘を受け、家の住所である大学通り五四番地は民主派集結の旗印となった。そこはヤンゴンの北に広がる住宅街の一角で、どんよりした池のほとりに建つ古めかしいコロニアル様式の家はやや傷んでいたが、ここに軟禁中の民主派の女性リーダーはすでに女王のように訪問者を引見していた。「彼女は孤高の人で、とても威厳があった」とふりかえるのは、当時の韓国大統領、金大中の側近だった金翔宇《キムサンウ》である。彼は彼女を訪問し金大中からの支持を伝えた。金大中はその後二〇〇〇年にノーベル平和賞を受賞することになるが、スーチーはその平和賞をこの時受けたばかりだった。

父親を意識して

彼女が育った家の壁には、つねに父親であるアウンサン将軍の肖像画がかかげられていた。この人物からすべてが始まり、そしてすべてが終わると思われた。近代ビルマ国の創始者であり、独立に殉じた男である。祖国愛に燃えていたこの軍人は社会主義にそまり、第二次世界大戦中は大日本帝国と同盟してイギリスの植民地支配を脱することを画策、一九四七年からは「千のパゴダの王国」の独立をイギリス政府と交渉した。同年、近代国家ビルマ初の総選挙で大きな勝利を手にした矢先、アウンサンは七月一九日に政敵によって暗殺された。国の独立はすぐそこまで迫っていた。国家の象徴である父を亡くしたことが娘の運命に影を落とす。「父はわたしの初恋の人にして、大事な恋人でした」とのちにBBCのインタビューで明かしている。スーチーがビルマの民主化運動を率いて戦ってきた波乱万丈の政変劇は、結局のところ父アウンサンの見果てぬ夢を成就させようとしているようにみえる。

子どものころスーチーは、コロニアル様式の父方の家で、未亡人となった母に育てられた。この母は大変教育にきびしい人だった。父が暗殺されたのは彼女がようやく二歳になった頃だったが、その後も新たな悲劇が少女を襲う。次兄が庭のプールで溺死したのだ。後年、長兄も米国籍を取得して永久に国を離れる選択をした結果、子どもたちの中で国家の英雄の遺志を継ぐ候補はスーチーただ一人になった。それでも彼女は、みずからの進路をすすんで受け入れ、あたかもそれが初めから決められていたかのように考えることをこばんだ。親の遺志を継ぐ決意は堅く、その重荷が彼女のきゃしゃな両肩に重くのしかかるようだった。ヤンゴン駐在のある外交官はこう述べる。

「彼女は心の奥深くのスピリチュアルな部分で父に結びついている。彼女があえて口にする必要もないほど、それは明らかだった」

スーチーは人生のなかばで、家庭の幸せを犠牲にする決断をした。一九八八年、父の暗殺から四〇年あまりがたっていた。当時、アウンサンスーチーは国を離れてイギリスで、一市民として生活を送っていた。イギリス人の大学教員と結婚し、二人の男の子を育てながら博士号取得の準備をしていた。表面上は静かな暮しだったが、祖国の政治に対する責務が彼女を苦しめていた。夫のマイケル・アリスは、『自由――自ら綴った祖国愛の記録』（妻がつづった文章をマイケルがまとめた書籍）の前書きに次のように記す。

「ずっと以前から、彼女は、ビルマの人々を救うために自分に何ができるかに心を奪われていた。彼女は、自分がビルマ国民の英雄、アウンサンの娘であることを片時も忘れたことはなかった」

チベット仏教の研究者であるアリスは、一九八八年三月、運命が大きく変わった夜について語った。その晩、オックスフォード大学の研究員であった夫妻が二人の息子たち、アリグザンダーとキムを寝かしつけたところへ、電話が鳴った。雑音混じりの回線を通して、スーチーはヤンゴンにいる母親の容態が悪いことを知った。すぐに旅支度をととのえた。「私にはすぐさま、我々の人生が一変して、もう元には戻れない予感がした」とアリスはふりかえる。行ったきり戻ってこない旅となった。なぜなら、やがてビルマにも春が訪れ、サフラン色の衣をまとった僧侶たちの足元から民主化の兆しが見えてきたからだ。末娘のスーチーが発作に苦しむ母親の看病に専念していたのは初めだけで、しだいに政治運動にのめりこんでいく。

つぎにスーチー一家が歴史に残るできごとに遭遇したのは七月二三日、独裁者ネウィン[2]が辞職を表明し、民主化の幕開けへの希望がふくらんだ時だった。ヤンゴンはわきたった。そして、それまで目立たない存在だったスーチーは自由を叫ぶ闘士たちに退路を断たれ、政治闘争の表舞台へ押し出された。迷信を信じる人が多いこの国で、一九八八年八月八日は数字の八が四つならぶ特別な日だった。首都には大群衆が集まり、軍部の独裁政治に対抗し、民主化を要求した。この抵抗運動を正当に実現できるのは国民的英雄の娘ただ一人だと、面会者たちは四〇歳代の彼女の心を揺さぶった。一九八八年八月二六日、広大なシュエダゴン・パゴダ［ヤンゴン中心部にある寺院で、仏教の聖地とされ、アウンサン将軍をまつった廟もある］の西門に立った彼女はルビコン川を渡り、民主化を叫びひしめきあう五〇万人ほどのデモ隊の前に出た。民主化運動の指導者になることを宣言し、マイクをにぎり、その横に巨大な父の肖像をかかげて、基調演説で何度も父に言及した。賽は投げられたのだ。スーチーは四三歳になっていた。それまでに、夫と二人の息子がやってきて家族の再会がかなったのはたったの一度だけだったが、千のパゴダの国には希望の炎が燃えていた。大学の研究者は演説家に変身し、暗殺に倒れた英雄の娘として朗々と述べた。

「わたしはビルマの歴史など何も知らないという人たちがいます。現実には、わたしは知りすぎるほど知っているのです」

さらに、彼女をあやつろうとする政治家たちに警告した。「そんなことをすれば、わたしはかならずあなたを告発してやります」。熱狂した群衆がついにヒロインを見つけた瞬間だった。アリスは認める。

「自然発生的におこった民主化運動は指導者を欠いていたが、彼女がこの運動を一つにまとめあげた」

配偶者が外国人、それもよりによってイギリス人——軍事政権から見れば不名誉な汚点である——であっても、彼女は祖国への根っからの愛国心を吐露した。伝統文化が根強いこの地において国際結婚は異例のことで、父の後継者を任ずる彼女をつねに悩ませた問題だったが、イギリス滞在中もビルマ国籍を返上しようと思ったことは一度もなかった。その後二〇〇八年に制定される新「憲法」には、軍部が故意に、家族に外国籍者がいる場合、大統領資格を認めないという条項をくわえ、それを盾にスーチーの大統領就任を妨害することになる。

長い道のり

アジアでは国家の英雄の娘に生まれた者たちが、偉大な父親への責務にさいなまれていた。ネルーの後を継いだインディラ・ガンディーとベーナズィール・ブットー[3]の二人は暗殺に倒れた。また、韓国の独裁者、朴正熙《パクチョンヒ》の娘、朴槿恵《パククネ》[4]は大統領に選ばれ青瓦台に立ったが、後年刑務所送りとなっている。これら世襲の女性政治家たちの悲劇は、彼女たちが心にいだいた罪悪感に苦しめられ、父の跡を継ぐ義務から逃れられなかったと、語っているようだ。学校で優等生だったスーチーには伝説の人物である父親の影がつねについてまわった。夫のアリスはこう分析する。

「父の業績から学んだものはすべて、彼女にかぎりない勇気をあたえ、自由で民主的なビルマを作る夢をはぐくんだ。こうも言えるだろう、彼女はじかに知ることのなかった亡父のイメージにとりつかれていたのだと」

若いスーチーがエーヤワディ川のデルタ地帯を支配する圧政から遠く離れ、緑深いイギリスで静かな家族の生活を営んでいる時でも、先代から託された祖国への熱い思いが彼女の頭を悩ませたという。ニューヨークで模範的な学生となり、国連で働き、繁栄する西欧で一九六〇年代の自由な空気を満喫していた時も、使命から目をそらしている自分にコンプレックスを感じていたようだった。

マイケルと出会い、思いやりにあふれたこの大学教員が求婚した時、彼女は条件を出した。結婚を前にした一九七二年、彼女は胸騒ぎを感じて未来の夫に書いている。

「あなたにひとつだけお願いがあります。祖国の民がわたしを必要としていたら、わたしが使命を果たすためにあなたに手助けしてもらわなくてはなりません」

つねに国への使命が第一だった。アリスは約束を一度も破ることなく、協力することになる。妻がビルマに戻ったのち、夫妻の面会がかなったのはほんの数回だった。軍部はあらゆる手段で彼女のやる気をそぎにかかり、イギリスにいる家族が自宅に拘束された彼女を訪問するためのビザ発給を認めなかった。夫妻が大学通りの自宅で最後に会ったのは一九九五年のクリスマスで、そのディナーは喜びの食卓であると同時に胸が引き裂かれるような情景だった。夫妻の再会は権力側の仕組んだ究極の罠であり、夫が妻を説得して国外退去を選ばせることを期待していた。だがこれは誤算に終わった。妻の「不屈の使命感」を指摘し、その一途な決意を重々承知していたアリスが、妻に国外退去の話をもちかけるはずもない。しかも彼は「使命をたいへんな重荷に感じる人もいるが、彼女はじつに優雅にそれを引き受けるのだ」とつけくわえた。彼は死ぬまで誠実な夫でありつづけた。この再会から二年後、マイケルはがんに侵され、スーチーはイギリスにいる彼の枕元に飛んでいって最後の別れを告げたい誘惑にかられたが、そうすれば一生ミャンマーに再入国できなくなる危険を見抜いて、涙をのんだ。ここでも、母性本能より国民に奉仕する「使命」の方が優先されたようだ。数十年の闘いの間に息子たちに会えたのもほんの数回だけだった。二〇一二年、ＢＢＣへのインタビューで、遠慮がちに打ち明けている。

「個人的には後悔もあります。もっと家族とともにすごす時間をとればよかった。でも、まちがいなく、わたしにはわが国民とともにここにとどまる必要があったのです」

一九八八年、仏教の僧侶たちが引き起こしたサフラン革命[5]に端を発した運動はもりあがりを見せ、指導者に就任したスーチーは、反体制勢力を組織して国民民主連盟（ＮＬＤ）を創設した。めざしたのは総選挙による政権獲得だった。彼女は早々に「顧問団」を結成し、彼らから政治のいろはを教わり、ジャンヌ・ダルクのような天性の威厳をもって討論をまとめていた。彼女は仏教徒としてガンジーの非暴力主義に学び、西欧の啓蒙主義から受け継がれた人権思想に基本理念をえて、平和的な革命をめざした。金翔宇はこう述べている。

「彼女は経験にとぼしい理想主義者だった。彼女をとりまく助言者たちは、ほとんどが大学の研究者や知識人だった。そういう人たちの価値観を彼女は信じた」

彼女の魅力にひかれ、世界中から訪問者や助言者が殺到した。「ドー・スー」は彼らに耳を傾け、メモをとり、支持をふやしていった。スーチーはしだいに政治経験を積み、一九九〇年の最初の総選挙でＮＬＤは勝利をおさめたが、すぐに軍部は総選挙の結果を破棄し、女ボスを、街路樹の繁みが歩道に緑陰をつくる大学通りの自宅に軟禁した。

自邸に軟禁中の四〇歳代のスーチーは、内面を鍛え、鉄の規律をみずからに課して瞑想、ピアノの練習や長時間の読書に費やし、それらの日課はたまに訪問客があると中断されるのだった。試練の時期にも、彼女は国民の前に姿を見せてつながりを深めた。定期的に自邸の正面玄関に立ち、そこから政治にかんする意見表明をおこなった。拘束されている自邸の庭の灰色に塗られた門格子の奥から彼女の細身のシルエットが現れると、まるで聖母マリア像のようだった。かいがいしく世話をする使用人たちが、彼女に傘をさしかけてモンスーンの雨から守った。黒い大きな瞳の彼女はマイクを手に、身をのりだすようにして力強い演説をし、希望を求めてやってくる群衆に向き合っていた。だれもが彼女の魅力にとりつかれていた。花をささげたり、カメラのフラッシュがたかれる中で彼女の名を呼んだりした。マイケル・アリスは言った。

「妻は一般大衆に対して、長い間聞いたことがなかったようなやり方で語りかけた。一人一人が愛情と尊敬に値する大事な個人であるかのように」

彼女は優雅で、カリスマ的存在であり、名士でもある。まだ国が貧しく、何世紀も続いた封建主義からようやく脱しつつあり、民衆の政治教育はこれから、というミャンマーにとって、アウンサン将軍の娘という最高の切り札が現れた。ちょうど、ルイ・ナポレオン・ボナパルトが一八四八年、伯父の七光りで農業国フランス第二共和政——短命に終わったが——の大統領に選出されたように、救国の英雄である父アウンサンの名前は都会でもいなかでも民衆の心に訴えかけ、広まっていった。四〇年間にわたる圧政と鎖国経済の困窮の果てに、スーチーは先代のめざした国民解放の松明をふたたび高くかかげた。彼女の強力な求心力は民衆を燃え立たせ、逆に軍事政権は恐れをなして、彼女の名前を口に出すことすらしなくなった。銃剣をつきつけられても、小枝のようにか細いヒロインは、動じずに対決した。

伝説が生まれつつあった。西欧社会は押しが強いが美しく、毅然とした女性にすっかり心を動かされた。エキゾティックな顔立ちでテレビ映りがよい新たな民主主義のヒロインが、未来に打ち込む新興アジアにも誕生する、それもまさにベルリンの壁崩壊のすぐ後に。フランシス・フクヤマが「歴史の終わり」を提唱していた。スーチーは、ネルソン・マンデラのような理想主義を標榜する新世代を代表し、先頭に立って自由を求め、独裁者の暴虐を歴史の地下牢に葬るために立ち上がった人物だと、人は信じようとした。国家法秩序回復評議会（ＳＬＯＲＣ）[6]と名を変えた新軍事政権はオーウェルばりの全体主義的な管理体制をしいたが、スーチーは民衆を照らすヘッドライトとなってこれと対決した。そのようすは映画作品にもなり、リュック・ベッソンが監督した『アウンサンスーチー ひき裂かれた愛』はハリウッド・スターでマレーシアの女優、ミシェル・ヨーの名演技によって「レディ」の名を不滅にした。アイルランドのロックバンド、Ｕ２もまた、救国の女性への賛歌『ウォーク・オン』を、一九九一年にノーベル平和賞を受賞したスーチーにささげた。国際社会がこぞってスーチーを神聖化した結果、権力を完全掌握して国際社会を敵に回す軍事政権への圧力はますことになった。

だが、スーチー・ブームの陰で、西欧との感情のくいちがいも少しずつあらわになってきた。ニューヨークでも、ロンドンまたはパリでも、進歩派のエリートは彼女を西欧の啓蒙思想の伝道師と見ていた。一方、ヤンゴンではビルマ人の民衆がスーチーを、なによりまず自分たちを守ってくれる「慈母」のように崇拝していた。彼らビルマ人は中央平野に多く住む民族で、他のアジア太平洋諸国の同胞が手にした経済発展の機会をミャンマーでは軍事独裁政権があたえず、民衆に暴虐のかぎりをつくし、悲惨な状態におちいらせていることに苦しみながらも、明るい未来への希望を「母」に託していた。

愛国者だった父の血縁と功績を受け継いだスーチーはまさしく国のアイドルになった。父は植民地支配に抵抗し、ホー・チ・ミン、ネルー、鄧小平にならって独自の解放の原理を支配者にぶつけたリーダーだった。

権力の修業

スーチーの孤独な闘いは二〇年ほども続き、二〇一〇年に終わった。軍事政権が条件付きで自宅軟禁を解き、政治的な制約をゆるめた。ふたたび歴史が動き出し、スーチーはチャンスをつかむ。国際社会からの圧力に屈して軍部は、確実に支配を続けるために戦略の転換に乗り出した。戦術的に開放政策にカードを切り、ある程度の民主的改革を許容した。軍部の権力掌握が維持できるような憲法をみずから起草し、西側には好印象をあたえて投資をよびこもうとする算段だった。それによって、ミャンマーの経済発展を阻害している制裁を徐々に解かせるとともに、しだいに影響力を増している隣国中国と距離をおこうとする思惑もあった。ミャンマーのエリートたちは広大な中華人民共和国ともう一つの隣国インドに挟まれての脅威をつねに感じながら、国の独立と、おまけに自分たちのふところへの何がしかの利益のために列強の間を泳ぎまわっていた。長い間迷った末にＮＬＤの党首スーチーは挑戦に応じ、親子二代で民主主義の司令塔となって、この国に不可逆的な形で民主主義を根づかせることに賭けた。

選挙によって政権獲得をめざす動きは加速し、ＮＬＤは二〇一二年の選挙に参加した。晴れて自由の身となったスーチーは連邦議会選挙に出馬し当選した。軍部が彼女の前途にあれこれと罠をしかけて妨害したが、彼女の人気はとどまるところを知らず、順調な昇進が約束されたも同然だった。粛々と彼女は地歩を固め、二〇一五年の総選挙でNLDを圧勝に導いた。[7] 理念の国オリュンポスから舞い降りた民衆のマドンナは、厳しい現実の世界に身を置くことになった。ある外交官が語った。

「マンデラとは対称的に、スーチーは一歩一歩学びながらしだいに権力に接近していった」

鉄の女

スーチーが政権トップに引き上げられ、世界は喜びに沸いたが、憲法上の制約によって「国家顧問」の肩書に甘んじなければならなかった。事実上の首相兼外相となったスーチーは二〇一五年、軍部との危うい共生をはじめた。軍部はみずから定めた憲法の規定によって議会定数の二五%と主要三閣僚の枠を確保し、依然として実権をにぎっていた。この制約のなかで、民主化のリーダーは政権内で自身の存在感を示すため強硬な態度に出た。目的のためには手段をえらばないマキアヴェリストと化したのである。ある専門家はこう評す。

「彼女が最優先したのは、それまで体制べったりだった行政側にみずからの権威を及ぼすために、意思決定を一本化することだった。スーチーは、自分を敵対視するとみなす国家中枢の掌握に取り組まざるをえなかった。ちょうど一九八一年にフランソワ・ミッテランを旗頭として政権をとったフランスの左翼勢力のように」

アウンサンスーチーは複数の管区首相を自派の人物で固め、政府の主要ポストにつけることを政府首脳に認めさせた。彼女の周囲を固めるのは少数の、ほとんどが同世代の助言者たちで、スーチーは彼らを睥睨するようなオーラを放っていた。集団指導体制を装いつつも最後の決定権はつねに彼女にあり、ときにぴしゃりとはねつける高圧的な物言いにあえて逆らう者はほとんどいなかった。前出の外交官によれば

「決断を早く下すために、彼女はごく少数の人間しか信頼しなかった」

じつに皮肉なことではあるが、「ミャンマー民主化の春」を勝ちとったスーチーは、君主政を彷彿させる一種のピラミッド型支配体制をしくこととなった。職権で、スーチーとは幼なじみの同志で彼女の運転手をつとめたこともあるティンチョーを大統領に任命した。これまた軍の起草した憲法の規定によって、彼女自身は大統領にもなれないためであった。ティンチョーは信頼できる「クローン」であり、彼女の権限を翳《かげ》らす心配はまったくなかった。

彼女が政府を縦割りの組織にして討論の機会を減らしたのは、効率性の追求と同時に、新たに首都

の行政機能が移転し、彼女も公邸をかまえたネーピードーのそこここで待ち受ける宿敵、ミャンマー国軍タッマドーに対する父親譲りの不信感に駆り立てられたからだ。

理想に燃える清楚なヒロインのイメージはしだいに、絶対支配を信奉するしたたかな六〇歳代の女性像へと変化していった。「彼女がいつまでも民主化のシンボルとしてまつり上げられるのには問題がある。なぜならだれも彼女に反論できないからだ」とある駐在大使は指摘した。現実の世界から離れて象牙の塔に閉じこもってしまったせいで、次世代をになう人材がまったく育ってこない危険があった。個人崇拝によって作り上げられたスーチーの人物像は、民主派勢力の中から新たな重要人物の台頭の芽をことごとくつぶし、万一彼女が突然いなくなったらＮＬＤ内には後継者がいない事態におちいる危険をはらんでいた。スーチーはかつて、対立する軍部を指弾してこう書いた。

「人を堕落させているのは権力ではなく、怖れである。権力を失う怖れが人を堕落させる」

彼女の独善的な支配に失望してとうとう同志の中から、思い切って声をあげる者、あるいはキンゾーウィンのように袂を分かって出ていく者が出てきた。「彼女はだれの言うことも聞かない。これは彼女の気性だ」とかつて軍事政権下で収監されていた元政治犯のキンゾーウィンは糾弾した。政権についてから彼女が独裁へ方針転換したことに失望し、彼はタンパディパ研究所［ミャンマー国内で政治的啓発活動を行う民主派ＮＰＯ］の所長に転身した。スーチーは尊大な態度で、ごくまれにあがるこれらの不協和音を一蹴した。それでも民衆の人気には傷がつかず、彼らは依然としてこの国を発展に導くことができるのは彼女しかいないと信じていた。その証拠に二〇二〇年一一月、コロナ禍でおこなわれた総選挙では「赤」［NLDのシンボルカラー］が地すべり的勝利をおさめた。この選挙でNLDはふたたび改選議席の八〇％を奪い、軍の推す政党は惨敗した。新たにミャンマーの「鉄の女」となった彼女はあっさりと実益重視のレアルポリティークに転換した。「わたしは政治家です。マーガレット・サッチャーではありませんが、さりとてマザー・テレサでもないのです」と自己弁護にまわり、投資を念頭に隣国の共産主義国家、中国との関係改善にのりだした。

ブーイングの中、沈黙を貫く

ロヒンギャの惨劇は一つの悲劇的な実例を示すことになる。二〇一七年八月末から、国軍はミャンマー西部のラカイン州在住のイスラム教を信仰する少数民族、ロヒンギャに対して容赦ない鎮圧行動を開始した。アラカン・ロヒンギャ救世軍（ARSA）[8]の蜂起に乗じたものだった。ミャンマーではロヒンギャは「ベンガリ」［ベンガル人の蔑称］とよばれており、独立以来、平等の権利を有する市民とはまったくみなされてこなかった。国軍と仏教徒の民兵がロヒンギャの村落を襲撃し虐殺を重ねた。男も女も、子どもたちも、「国の安全を守る」名目でおこなわれた掃討作戦で殺され、生きながらに焼かれ、あるいは無差別に暴行を受けた。国連は大規模な「民族浄化」がおこなわれたと非難した。数週間で一万人以上の市民が殺され、モンスーンのように猛威を振るう流血の惨事を逃れて七〇万人が稲田を越えて隣国バングラデシュに緊急避難した。国境を流れるナフ川の泥水には死体が累々と浮かんだ。そして赤茶けたぬかるみにできた難民キャンプにはおびただしい数の家族がひしめきあい、国際社会に衝撃を与えた。「祖先と同じようにわたしも差別に苦しんできた。でもまさかわたしたちの命までが攻撃にさらされるとは思わなかった」と語ったのはサデク・フッセン、二四歳。軍の襲撃で家を焼かれ、逃げ出したところで膝を撃ちぬかれた。

抗議の嵐が渦まくなか、「国家顧問」はかたくなに口を閉ざしていた。それどころか、「大規模な情報操作」を告発して、悲劇を正視しようとしなかった。国連のアントニオ・グテーレス事務総長までもスーチーに、国軍総司令官で暴虐行為の責任者と目されているミンアウンフライン将軍に対して抗議の声を上げるように懇願する事態になった。国連総会の前夜、グテーレスは表明した。

「スーチーが現状を打破しなければ、悲劇は重大な局面を迎えるだろう」

だが、その願いはむなしかった。この惨劇を取材したロイターの二人のミャンマー人ジャーナリストには懲役七年の刑がくだり、スーチーは寛大な措置を求める国際世論に耳をかさず、報道の自由を踏みにじった。

それ以来、「レディ」と西側諸国の決裂は決定的になった。世界中から良識ある人たちがあいついで声を上げ、かつてヒロインとして崇敬していたスーチーに声高に呼びかけ、声をあげないのは罪であると、消極的な態度から脱するように懇願した。だがアフリカのデズモンド・ツツ大主教からベルナール・クシュネル［フランスの元閣僚で、国際人道医療支援の活動家でもある］まで、だれもが苦い失望を口にした。スーチーのノーベル平和賞をはく奪すべし、との声も日ましにふえていった。オスロのノーベル賞事務局からは、一度あたえた賞を取り消すことはできない、との声明が出たが、彼女のイメージは永遠に傷ついた。キンゾーウィンは激しく非難している。

「世界はアウンサンスーチーのほんとうの顔を知ることになった。それは独裁的で気位が高く、自己主張の強い女性指導者の顔である」

しかしアジア諸国では、多くの人にこれらは不当な非難だと受け止められた。つぎつぎにあびせられる非難は、長期間植民地支配を続けたあげくに、いまだにお説教を垂れようとする腐りきった西欧諸国の最後の一斉攻撃であるとの見方である。たとえばシンガポール国際問題研究所の研究員ヨー・レイ・フィーは、こう評価する。

「西欧社会は彼女に大きな期待をかけてきたが、ここへきて今度は手きびしく糾弾する。これは現地の複雑な状況を考慮しようとしない、たいへん観念論的な見方である」

「統治することとは信用を失墜することである」とふりかえるのは、ジャーナリストのブリュノ・フィリップである。そして、政治の力関係はえてして原理原則にまさるものである。ロヒンギャの悲劇は、二〇一五年の総選挙に勝利したスーチーの権能の限界を知らしめた。憲法の規定により、軍部は内務相、国防相および国境相の閣僚三ポストと議会定数の四分の一を統制する。これにより、国家の安全保持という名目でラカイン州の鎮圧を自由に進めることができる。「軍部はつねにすべてを掌握している」とグテーレスも認める。とくに、ミャンマーは一三五の土着民族からなるモザイク国家で、ばらばらに分裂する危険にたえずさらされ、シャン族やカレン（カイン）族の武装勢力との地域紛争が一触即発の危機をはらんでいた。軍は分裂の危機にあるミャンマーを統一する役目をになってきた。シンガポールに本拠地をおく東南アジア研究所のモー・トゥサー研究員は次のように分析する。

「アウンサンスーチーが沈黙を貫くのは、彼女が立ち向かう政治的な拘束が今もいかに強力であるかを示すものである」

一方、オーストラリアの元首相、ケヴィン・ラッドはある寄稿文のなかでこう指摘する。

「多くの解説者は忘れがちだが、軍部が秩序の回復が必要だと考えれば、憲法で保障された権利を行使して、合法的なクーデターによる政権の掌握が可能なのだ」

スーチー国家顧問の頭上には、今にも落ちてきそうなダモクレスの剣が吊るされていたのだ。国家の命運をどっしりと見すえ、「国民の声」を聞き、スーチーは国際的な名声を犠牲にしてでも、国内政治での地盤固めを優先して、軍部を相手に死闘を続けていた。かつてちやほやしていた西欧が手のひらをかえすように彼女を痛めつける一方で、ミャンマーの民衆はスーチーに変わらぬ盲目的な崇拝を続けていたのだ。その彼女もいまや七〇歳代になり、どんなささいな失敗も見逃すまいと待ちかまえる軍部と対決して危ない橋を渡っていた。モー・トゥサーは指摘する。

「［ミャンマーでは］ロヒンギャ問題は、国内の治安問題であるとの主張が有力で、世論もこれに同調しているようだ」

実際、ミャンマーで多数をしめる仏教徒にとってロヒンギャ（「ベンガリ」）は一九世紀にイギリス人入植者によって最後の最後に「もちこまれた」移民という認識で、平野に住むビルマ人が彼らの境遇について思いめぐらすことはほとんどない。

スーチーは二〇一九年にはハーグの国際刑事裁判所に出向き、ミャンマーに向けられた「ジェノサイド」の非難に反論までしている。大きなスカーフで体をすっぽり覆った「打ち砕かれたアイコン」はこの役目をミンアウンフライン将軍にゆずることをこばみ、みごとに「祖国の母」の役を演じきった。その場で彼女はいま一度、自分が自他ともに認める父の後継者であることを明らかにした。その昔、父は西欧の植民地支配を脱却するために、侵略者の日本と手を結んだ。娘はその原点に戻ったわけである。

クーデター

戦いに明け暮れた女性指導者は晩年を迎え、権力の階段の最後の一段の手前まで来ていた。国の「大統領」のポストには軍事政権のしくんだ究極の落とし穴が災いして、どうしても手が届かない。憲法の規定は外国籍の人物との婚姻を盾に、彼女が大統領職につくことを禁じている。この非情な条項の改定には議会で七五%を越える賛成票が必要だが、軍部が議席の四分の一を握っている以上、それは不可能である。二〇二〇年の総選挙でまたもや地すべり的勝利をえたスーチーは、ふたたび悲願をぐっと引き寄せた。だが、これは、退役を目前にして最高ポストを手に入れたいミンアウンフラインン軍最高司令官との一騎打ちを意味した。

それが、世界をゆるがせた二月一日のクーデターの理由なのか？　非常事態宣言を発し苛酷な鎮圧にのりだしたミンアウンフラインにどういう計算が働いたか、だれも知らない。しかしこの原稿を執筆している時点で、彼の強権発動は民衆の予想を越える抵抗にあい、その結果、国は先の見えない内戦の泥沼にはまりこんでいる。シンガポール国立大学（ＮＵＳ）の研究員チョン・ジア・イェンは対立が長引くと予測する。

「軍は計算ミスをおかし、抵抗勢力を過小評価していた」

自邸に拘束され今や無力のヒロインは、国が暗黒の時代へ大きく後戻りし彼女のなしとげた業績が無に帰するのを見ている。代わって台頭してきた新世代の抵抗勢力は、武装集団化している。しかしスーチーの影は、彼女を慕ってシュエダゴン・パゴダに集う群衆に、後見人のように今も寄り添う。ある大使は指摘する。

「政治の世界では彼女の存在は少しずつかすんでいるが、それでも政治的な対話を再開することができるのは彼女だけだ」

スーチーは挫折を味わい、年齢的にも健康への不安がぬぐえない。拘束されたまま生涯を閉じるようなことがあれば、彼女は新たな殉教者としてあがめられるだろう。そうなれば軍部にとって究極の難問をつきつけられる。言葉が奪われているため、彼女の精神状態がどうなっているかだれにもわからない。だが彼女はつねに、たとえ被告席に着いていようとも、この不屈の闘志をもちつづけ、前途をまっすぐに見すえる。彼女はかつて、じつに闘いの連続だった人生を総括して、こう打ち明けた。

「わたしは運命を信じません。自分の意志で正しいと思うことをおこなってきました。だから不満をいう理由なんて一つもないのです」

◆原注

1　ビルマは一八二四年から一九四八年までイギリスの植民地となり、イギリス領インドに編入された。その間、第二次世界大戦中は大日本帝国に占領されていた。一九四八年にようやく独立を果たした。
2　この軍人は一九六二年から一九八八年までビルマを統治し、ビルマ式社会主義の名のもとに、世界から隔絶した鎖国体制をしいた。
3　パキスタン首相で、軍部によって解任、処刑されたズルフィカール・ブットーの娘ベーナズィール・ブットーは一九八八年から一九九六年の間に何度か政権についたが、後に彼女もまた暗殺された。イスラム教国のパキスタンで最初の女性首相である。
4　独裁者の娘、朴槿恵《パククネ》の両親は、相次いで暗殺に倒れた。二〇一三年の大統領選で彼女は保守派の闘士として勝利し、父がかつて治めた大統領府に再び登庁した。二〇一七年、政治スキャンダルで再び捕えられ、大統領職を罷免され懲役刑に処せられた。
5　このネーミングは、一九八八年八月八日に起こった８８８８民主化運動を指すもので、僧侶のまとう僧衣の色に由来する。
6　軍部は国家法秩序回復評議会（ＳＬＯＲＣ）を一九八八年に創立し、ネウィン時代の独裁制を続けた。
7　ＮＬＤは連邦議会下院総数の八〇％以上を占めた。
8　二〇一二年に組織された。

＊参考文献

Aung San Suu Kyi, *Freedom from Fear*, Londres, Penguin, 1991.
（アウンサンスーチー著、マイケル・アリス編『自由――自ら綴った祖国愛の記録』、ヤンソン由美子訳、

集英社　一九九一年）
—, *Letters from Burma*, Londres, Penguin, 1996.
（アウンサンスーチー『ビルマからの手紙』、土佐桂子／永井浩訳、毎日新聞社、一九九六年）
Falise, Thierry, *Aung San Suu Kyi. Le jasmin ou la lune*, Paris, Florent Massot, 2007.
（ティエリー・ファリーズ『銃とジャスミン——アウンサンスーチー、７０００日の戦い』、山口隆子／竹林卓訳、ランダムハウス講談社、二〇〇八年）
Philip, Bruno, *Aung San Suu Kyi. L'icône fracassée*, Paris, Équateurs, 2017.
Popham, Peter, *The Lady and the Peacock: the Life of Aung San Suu Kyi*, Londres, Penguin, 2011.
（ピーター・ポパム『アウンサンスーチー——愛と使命』、宮下夏生／森博行／本城悠子訳、明石書店、二〇一二年）
—, *The Lady and the Generals: Burma's Struggle for Freedom*, Londres, Rider, 2016.

20 アンゲラ・メルケル（一九五四年〜）
ドイツの女性首相

ヴィヴィアン・ショカス

初の女性首相（在位二〇〇五〜二〇二一年）となったアンゲラ・メルケルは、四期にわたる在任中、激動のヨーロッパ一の経済大国となったドイツにおいて確かな足跡を残し、独自の権力行使の手法を確立した。

策略家であり科学者であり骨の髄まで政治家であり、東側から西側へ移動したという特殊な経歴をもつメルケルは、二〇世紀から二一世紀へとヨーロッパが舵を切った時代、とくに統一ドイツが平和で豊かで自由な国として容認された時代をまさに体現した。しかし、称賛の嵐のなか引退したものの、二〇二二年二月末に始まるロシアのウクライナ侵攻をきっかけに、メルケルのエネルギー政策と防衛政策の再検討がドイツの喫緊の課題となっている。

メルケルはゴール直前でライバルたちを追いぬいた。一六年間、なみはずれた持久力をもって権力の道で長距離走を続けてきた彼女は、二〇二一年八月末、トップでゴールインした。この日判明した戦績とは？　ヨーロッパ五か国とアメリカの世論調査で、政治経済における業績にかんし、メルケルは最高点を獲得した。調査機関ユーガヴ[1]は、現職の指導者数名（エマニュエル・マクロン、ボリス・ジョンソン、アンゲラ・メルケル、ジョー・バイデン、ジャスティン・トルドー、ナレンドラ・モディ、ウラジーミル・プーチン、習近平）に対する支持率をフランス人、スペイン人、ドイツ人、イタリア人、英国人、アメリカ人を対象に調べた。メルケルは、ジョー・バイデン（フランスで二六％、スペインで二七％の支持）とエマニュエル・マクロン（フランスで二九％の不支持、スペインで二〇％の支持）を引き離し、最も高いスコア（フランスで四九％、スペインで六一％の支持）だった。

引退を数か月後にひかえたこのころ、アンゲラ・メルケルはなんという足跡を残そうとしていたことだろう。政権をにぎった一六年間、メルケルが、アメリカ大統領とフランス大統領それぞれ四人、イギリス首相五人、イタリア首相八人とわたりあい、国際舞台におけるドイツの存在感をあらためて大きく高めたことはまちがいない。多くあるうちのひとつのデータにすぎないが、明確に表われた数字は世界におけるアンゲラ・メルケルの影響力がどれほどのものであるかを物語っている。

二一世紀初め、メルケルは主に四つの激動を経験した。二〇〇八年のリーマンショック、二〇一五年の難民危機、二〇一六年のブレグジット、二〇二〇年の新型コロナウイルス感染症拡大である。大きな分裂に直面したアンゲラ・メルケルは、対立する勢力や要素の綿密な調整、関係者すべてをまきこんだ討論、慎重な戦略といったぶれない手法で事態の収拾にあたった。四期目満了となる二〇二一年秋、国内の支持率は八〇％近くに達した。メルケルの支持率は最低でも五二％である。メルケルの青い瞳と「カスク・ドール（ブロンドのおかっぱ頭）」の写真は数多くの雑誌のトップ記事を飾り、その名前はさまざまなランキングの上位をしめることだろう。「自由世界のリーダー」（ニューヨーク・タイムズ）、「世界で二番目に影響力のある人物」あるいは「世界で最も影響力のある女性」（フォーブス）…出版界の一流漫画家たちは、メルケルの似顔絵を描くのは大好きだったと述べている。

メディアという鏡で拡散された、こうした鮮やかなイメージはある種の眩暈を与える。成功の眩暈だ。そして「メルケルの秘密」の核心とは？　類まれな知力、記録的な支持率、つきせぬ活力、策略家としての才能、そして…他の特徴とはつりあわないあの抑揚のない声だ。毎年毎年、アンゲラ・メルケルが演壇で話すのを聞くこと、すなわち単調に悠々と流れる大河のような声に慣れることにほかならない。反メルケル派もメルケル支持者も異口同音に、「メルケルにはカリスマ性がない」、「声に張りがない」としばしば指摘していた。ケンブリッジ大学のギリシア・ローマ古典学教授、メアリー・ビアード[2]はこう述べている。「言葉の領域では、オデュッセウスの時代から、重々しさ深遠さはつねに、男性、権威、カリスマ性と結びついていた。しかし、細さ、狭さ、鋭さは女性とつながっていた。(…)マーガレット・サッチャーは声を重々しく響かせるためにヴォイストレーナーをつけたいきさつについて語っている。潜在能力の高い女性を対象とする計画について話すときはかならず声を効果的に使った」

メルケルは発声を変えることがなかった。しかしメルケルの演説が多くの人々に安心感をあたえたとすれば、驚くべき長期政権の秘訣となる、もうひとつの巧妙なたくらみがひそんでいたということではないだろうか。アンゲラ・メルケルは素っ気ない声で話しながら、なにものもゆるがせにしないからである。そして今後の方向性を正確につかんでいる。

彼女の功績を裏打ちする客観的事実と数字はいくらでもある。メルケルが統治したドイツはヨーロッパ一の経済大国、旧大陸の主要国となった。現職の首相がみずからの意志で辞職するのも、ドイツ連邦共和国建国以来（七人の男性首相をへて）初めてのことだ。モンテーニュ研究所が二〇二一年九月に刊行した長い報告書、"Quelle Allemagne après Merkel?"（『メルケル後のドイツはどうなる？』）には以下のように書かれている。「アンゲラ・メルケルは、安定と統一のドイツの首相として、たゆまず努力し中心的存在として統治した首相として、歴史に残るだろう」

さらに専門家たちは、次のように述べている。「兵役義務の廃止から家族政策の修正にいたるまで、脱原発から難民受け入れ政策にいたるまで、同性婚承認からEU共同債の創設に至るまで、アンゲラ・メルケルはドイツの変革をなしとげた」。

一九五四年七月一七日、ドイツ連邦共和国のハンブルクに生まれ、ドイツ民主共和国のテンプリンでプロテスタントの家庭に育ち、物理学者となり、一九九〇年に議員初当選、一九九一年に閣僚、二〇〇〇年に党首、二〇〇五年に首相に就任した。二四年のへだたりのある二枚の写真をならべると、目まぐるしい出世のほどが一目瞭然だ。一枚目の写真は、一九九一年、三七歳のとき、ＣＤＵ［キリスト教民主同盟］の党大会での写真だ。先のとがった襟つきの白いブラウスに、大きめのカーディガンを着た新人議員のメルケルは小学生のようだ。彼女は身をかがめて、指導役の重鎮、ヘルムート・コールに話しかけている。当時メルケルはどこへ行ってもコールから「お嬢さん」と呼ばれていた。二枚目の写真は、二〇一五年六月にバイエルン州で開かれたG7首脳会議のときのものだ。戸外のベンチにゆったりすわり、背中を見せているアメリカ大統領、バラク・オバマと向かい合って立つメルケルは、鮮やかな赤いジャケットを着て輝いている。絶大な力をもつ二人のリーダーは、世界の諸問題について語りあっている。両人の正当な権威を強調するのにふさわしい山々を背景に、二人はそろって両手を広げている。

アンゲラ・メルケルの本性とはいったいなんだろうか。この疑問に答えるために、三つ目の場面にあたってみよう。今度は二〇二一年九月八日、デュッセルドルフの劇場で撮られた写真だ。アンゲラ・メルケルは、ナイジェリアの作家で国際的なフェミニストのアイコンであるチママンダ・ンゴズィ・アディーチェ[3]と一緒に写っている。聴衆は若く、ざっくばらんな雰囲気で、招かれた二人は温かい拍手をもって迎えられた。赤とシルバーのロングドレスを見事な体格で着こなしたアディーチェは堂々と歩を進め、青いジャケットの真ん中のボタンを留め、黒いスラックスにペタンコ靴をはいたメルケルはトコトコ歩いた。ジャーナリストが「首相、たびたび『一番』になるというのはどういうことですか?」と質問すると、メルケルはこう答えた。「障害のある子どもたちと身近に接しながら成長したことは、わたしに大きな影響をあたえました。大学に進学するとき、わたしは物理学を選びました。東ドイツの政治や権力者の手が及ばない学問だと思ったからです。そうでしょう、質量は質量でしかありませんから。わたしはひじょうに自由な家庭に育ちました。家ではたえず、さまざまな視点から何か話しあっていました」

引退をひかえた秋に述べたこの言葉は、弱者との連帯、冷静な勇気、対話のセンスといったメルケルの根底をなす三つの要素を端的に表わしている。

アンゲラ・メルケルは「もはや消滅した国の共産党独裁政権のもとで人生の前半三〇年余りをすごし、さらに統一ドイツの政界の真っただ中で三〇年をすごした西側諸国唯一の指導者」であるとモンテーニュ研究所は述べている。メルケルはユニークであり、稀有な政治家であり、現代的な女性権力者だ。そしてつまるところ、自由な女性でもあるのだろうか?

東と西、「並存」の子ども時代

一九八九年一一月九日一九時の東ベルリン。ラジオとテレビで生放送された記者会見で、SED［ドイツ社会主義統一党］[4]中央委員会報道官だったギュンター・シャボフスキーは、ずらりとならんだマイクを前に返答を迫られた。東ドイツ人が無条件で西側へ旅行できるようになるという、今、焦点となっている政令はいつから発効するのですか?という質問があったのだ。それに対する答えが書かれていないメモをいらいらともてあそびながら、シャボフスキーは「ただちに、です」と言いきった。その後どうなったかは言い伝えられている通りだ。無数の東ベルリン住民が壁の方へ向かい、国境警備隊に迫り、赤と白のゲートがとうとう上げられ、自由への道が開けた。

アンゲラ・メルケル（旧姓カスナー）は三五歳だった。大学時代の友人で同じ物理学者だったウルリヒ・メルケルと一九七七年に結婚し、一九八二年に離婚してからも、彼女はこの苗字を名のり続けていた。一九九八年にやはり物理学者のヨアヒム・ザウアーと再婚し、プレンツラウアーベルク地区のアパートに住んでいた。二人は最初に解除されたボルンホルム通りの国境検問所の近くに住んでいた。二三時三〇分頃、群衆のただなかで、若かったメルケルは鋼鉄の橋を渡り、友人たちとともに脱出した…西側でビールを飲むために。それから家に帰ってゆっくり休んだ。

メルケルは三〇年以上の間、東側の人だった。幼少期から十代にかけて、メルケルはあの閉ざされたドイツ民主共和国で育った。生まれたのはこの国ではなかった。牧師だった父親のホルスト・カスナーは一九五七年、妻子を連れてベルリンの北にあるテンプリンという小さな町に移住した。旧ソ連圏のプロテスタント教会では、神学生を教育する人材が不足していた。壁はまだなかったが（一九六一年八月に建設）、ドイツは東西に分かれていた。この移動を境に、アンゲラは非凡な人生を歩むことになる。父親は共産主義の理想を胸にいだいていた。英語教師だった妻のヘルリント・イェンチュは夫についていこうと決心し、まもなくもう二人の子、マルクスとイレーネが生まれた。子どもたちは楽しく教育的な環境で育った。神学生の研修所のそばには農場や障害者施設や、健常児もそうでない子も一緒に遊んだ森があった。アンゲラは、運動は苦手だったが、学業はクラスでトップの「ピオニール」（共産主義諸国の少年団）の一員であり、「オリンピアード」という、地域、国、さらにはソヴィエト圏諸国と順次レベルが上がっていくコンクールにおいて数学とロシア語で優秀な成績をおさめていたが、まったく鼻にかけたりしなかった。家族の団欒《だんらん》では、科学、言語、文学、哲学にかかわることが話題になった。学校では男女平等だったが、政治体制にそぐわない意見を述べるだけで危険人物となりかねない風潮のなか、好奇心が刺激され、何者かになりたいという憧れが胸の内で育まれていった。アンゲラは慎重さと勉学によって身を守ることをすんなり覚えた。大学入学資格試験で最高点をとったこと、カール・マルクス大学ライプツィヒで物理学を専攻したこと、「隣人を自分のように愛しなさい」という道徳観が客観的事実の観察を旨とする科学者の厳しい姿勢と両立していたこと。アンゲラ・メルケルの人間性は試練とつつましさのなかで形成された。

すべては西側で生まれ、東側で育ったことにつきる。群衆のなかにまぎれこみながら自分の今後を思い描く。念には念を入れつつ、思い切ったことをする。メルケルはまず、人が予想もしないところに現われた。一九八九年一二月、やはりベルリンで、西ドイツのキリスト教民主同盟に近い東ドイツの反体制派、「民主的出発」という弱小政党の門をたたいた。ゆったりしたスカートにペタンコのサンダルをはいた科学者メルケルは、目新しいコンピューター用語を解し、自在にあやつったおかげで採用された。ドイツ連邦共和国のヘルムート・コール首相の支援のもと、東西統一の地固めをになっていた（一九九〇年九月一二日にドイツ最終規定条約が結ばれた）ドイツ民主共和国の指導者、ロタール・デメジエールは、メルケルの問題整理と総括の能力を見ぬいた。メルケルはデメジエールに随行し、西側諸国に赴いてマーガレット・サッチャーやフランソワ・ミッテランに会った。一九九〇年一二月にCDU（キリスト教民主同盟）議員として初当選したとき、彼女は三七歳だった。一年後コールは、東ドイツ出身の女性を入閣させ、陰で上手に糸を引いてやろうと考えた。真面目なプロテスタントでもある。カトリック優位で保守的なCDUに「ソヴィエト圏出身の女性」を入れても、周囲を不安にさせないだろうと思われた。メルケルは青少年・女性担当相（一九九一〜一九九四年）、そして環境・自然保護・原子力安全相（一九九一〜一九九四年）の地位についた。まさにスピード出世だった。

柔軟と厳格のあいだ

まさに歴史の記述に残るほどの力量をもつ人々がいる。メルケルはその一人だ。ふりかえれば一九九一年、同じ言語を話しながら四〇年間敵視しあった二つの世界が合体したものの、まるでよそ者同士だった。西ドイツが東ドイツをのみこみ、統一というよりは吸収だった。メルケルは目の前で起きていることを完璧に理解していた。若いアンゲラが知っていたドイツ民主共和国は監視と逮捕からなる気味悪く卑劣な政治体制だったが、保健制度や教育制度は比較的平等であり、東ドイツの女性の方が育児と仕事を両立しやすかった。東ドイツで育った彼女は信念と自信をもっていた。わけへだてせず人と接することができるという自負も。

一九四五年以降、個人への権力集中の芽をことごとくつむべくねられたドイツの政治制度は独特だった。連邦議会の力は強く、連邦首相はつねに過半数の支持をえなければならない。政府は州首相にかなりの権限を委譲しなければならない（一六に分かれたドイツの地方はそれぞれ州政府と州議会、そして権力を有する）。二一世紀になってもドイツ人はまだこの連邦制度を民主主義の保証と考えている。メルケルにとっても願ったりかなったりの制度なのだ。ひとつの反対派から別の反対派へとまわり、異なる見解をすりあわせ、もちまえの冷静な分析能力を生かし、交渉の才を駆使してみごとに総括する。メルケルの面目躍如たるところだった。ジャーナリストのマリオン・ヴァン・ランテルゲムが書いたメルケルの評伝によると、国際舞台においてメルケルが忠誠を求め、脇を固めさせるブレーンはごくかぎられているという。ライトグレーとベージュでまとめた超モダンで広大な執務室のあるフロアは、威圧的な首相官邸の七階にあたり、ベルリンの街全体を望むテラスがついている。このフロアで働き、毎朝七時四五分から八時三〇分のあいだに始まる打ち合わせに出るかなりかぎられたメンバーのあいだでは、親しい者同士の言葉ではなく敬語が使われる。この席に、連邦首相府長官、長官補佐、報道官、ブレーンだけでなく、CDUと議会の代表もつねに同席するところはいかにもドイツである。西ドイツ出身のカトリック教徒である二人の女性、ベアテ・バウマン事務局長とエーファ・クリスティアンセン戦略局長は、メルケルの在任中、片時もそばを離れなかったが、私生活に立ち入ることはけっしてしなかった。二人は全幅の信頼をえている。

メルケルが、妥協点を探るのではなく、きっぱり縁を切ったことが一度だけある。一九九九年、みずから薫陶を受けたヘルムート・コールと決別した時である。この絶縁によってメルケルは、政界の勢力図にしっかりと位置を定めた。一九九八年末、あるスキャンダルでCDUが危機に追いこまれたとき、メルケルは党幹事長だった。それはメルケルの就任前におこなわれていた不正な資金調達の話で、スイスにあったCDUの秘密口座に闇献金がふりこまれていたのだった。コールは首相の地位を社会民主党のゲアハルト・シュレーダーにゆずっていたが、依然としてCDUに影響力をもっており、最初は秘密口座の存在を否定したものの、ついに前言をひるがえした。アンゲラ・メルケルが、一九九九年一二月二二日付の保守系日刊紙「フランクフルター・アルゲマイネ」に発表した記事は、世間の度肝を抜いた。歴史に残る指導者でありドイツ再統一の立役者であるコールから、党は独立すべきである、と論じる原稿だった。それは父親殺しだった。無分別な挑戦だったのか、計算しつくされた独り立ちだったのか、専門家たちの議論はつきない。とはいえメルケルは二〇〇〇年、九六％の支持率でCDU党首に選出され、党の組織再編とともに改革に着手し、権力への道を大きくひらいた。二〇〇五年一一月二二日、ゲアハルト・シュレーダーの後任となったメルケルは首相の就任宣誓をした。右手をあげ、五一歳で史上初の女性首相となったアンゲラ・メルケルは、黒のパンツスーツとペタンコ靴というういで立ちながら、万感の思いであることが見てとれた。「ドイツ国民のため力をつくすことを誓います」と彼女は述べた。それはヨーロッパ最大の人口を擁するこの国に住む約八三〇〇万人を意味した。そのうち数百万人は、ベルリンの壁崩壊後の一五年間に東から西へと移動した人々であり、若年層、女性、高学歴者が多かった。

再統一されたドイツはすでにヨーロッパ随一の強国であり、メルケルは「大風呂敷なし、派手な演説なし、とはいえ利にさといドイツ的駆け引きのうまさで」その地位を固めたとモンテーニュ研究所は評する。ちなみにメルケルは、トランプ時代（二〇一七年～二〇二一年）ですらアメリカと特別な関係を維持したし、二〇一四年からウクライナのドンバス地方の分離独立派をロシア政府が後押しし、人権問題を引きずりつづけていようと、クレムリンとの関係を特別扱いした。

財政規律を徹底的に重視するドイツにおいてメルケルは、経済計画をふくめ、現実というものの力に即して方向を定めた。リーマンショック後にユーロ圏が危機におちいった時期もメルケルはきびしい姿勢をつらぬき（そしてはげしく批判され）、二〇〇九年から二〇一二年にかけて、財政破綻したギリシアの救済をこばみつづけたりした。しかし二〇二〇年、メルケルは方針を一八〇度転換した。新型コロナウイルス感染症拡大に世界がゆれ動くなか、ＥＵという単一市場の破綻のリスクをさけるため、欧州委員会は約五〇〇〇億ユーロの基金による経済復興計画を立て、コロナの被害が深刻な国への支援にあて、ＥＵ加盟国全体で返済する、とメルケル首相とマクロン大統領は発表した。それはまさに借金の肩代わりであり、それまでドイツがヨーロッパにたいしこばんできたことだった。「ヨーロッパが崩壊しないことはドイツのためになるのです」とメルケルは述べ、柔軟な難題処理能力を示し、たぐいまれな人気のもうひとつの秘訣であるプラグマティズムを発揮した。

しかしメルケルのリーダーシップの系譜は、二〇一五年八月、内戦にみまわれたシリアの難民の受け入れを呼びかけたことと切り離すことはできない。所属政党ＣＤＵの意向に反し、メルケルは何万人もの難民にたいし国境を開いた。最初にハンガリーで足止めをくらい、つぎにオーストリアに押し寄せた難民たちを受け入れたのだ。「わたしたちはやりとげます！」というのがメルケルの決意を表わすスローガンだった。二〇一五年末、ドイツが受け入れた難民は八九万人に達した。六年後、デュッセルドルフの劇場の舞台に立ったメルケルは、次のような言葉で当時をふりかえった。「大量の難民を呼び寄せたわけではありません。彼らは好き好んで来たのではないことを理解すべきです。逃亡というのはつらいことです。彼らはすでにヨーロッパに来ていましたし、鼻先で扉を閉めることはできませんでした」。

さらにメルケルは、ウクライナの悲劇にそのまま反響するような言葉を述べた。「民主主義においては、参加することが大事です」。

敏感な人は、この過程でメルケルが対立政党ＳＰＤ〔社会民主党〕を出し抜き、所属政党である中道右派のCDUを左傾化した、と指摘する。これもまたメルケルのもうひとつの十八番《おはこ》、敵のお株を奪うということだったのだ。二〇一一年に脱原発を急遽決定したとき、メルケルは所属政党CDUの主張に背を向けたかに思われた。じつは緑の党を出し抜いただけだった。二〇一七年、（彼女自身は反対票を入れたものの）同性婚の合法化を承認したときも、あくまで保守派のメルケルは、対抗する左派の社会的「大義」のひとつを奪いとった。

二〇一七年に四期目をかけて出馬したときはどうだったか。疲弊していたメルケルはかならずしも乗り気だったわけではない。しかし二〇一六年六月二三日の国民投票でブレグジット派が勝利し、同年一一月にドナルド・トランプが大統領に選出されると、メルケルはヨーロッパの安定がおびやかされる懸念を感じ、続投を決めた。この最後の任期で、国際舞台におけるメルケルの存在感はさらにました。堅実で気概があり、――一部の人々に言わせると頑固な――メルケルは不平不満をもらさない。二〇二一年九月に「権力をにぎる立場にいると、プライベートな生活を確保するのはむずかしいですか？」と聞かれたとき、彼女は「たしかにそうですね。でもそんなの仕事しているうちに慣れますよ」と答えた。

二〇二一年に引退したとき、ドイツは依然としてヨーロッパでもっとも温室効果ガスを排出する国だった。世界が新型コロナウイルス感染症拡大という未曽有の危機にゆれたとき、メルケルが物理学者らしい冷静さを保ったことを称賛するいっぽうで、科学者でありながらその気候変動対策は不十分だという怒りの声が一部の若者たちから上がった。

他のヨーロッパの為政者や大多数の専門家たちと同じく、アンゲラ・メルケルは、二〇二二年二月二四日に突如始まったウラジーミル・プーチン率いるロシアのウクライナ侵攻を予見していなかった。この戦争が始まってほんの数日で、ショルツ新首相主導のもと、ドイツの外交と防衛の方針は大きく変わった。一〇〇〇億ユーロの予算が防衛費にあてられるなど、メルケル時代には考えられなかった。さらにショルツは、一六年間つとめあげた先任のメルケルが長年進めてきたロシアのガスパイプライン計画、ノルドストリーム2の認可手続きを停止した。状況が激変し大きな空白が生じたなかで、ドイツは、平和を旨とし、防衛問題を脇に追いやっていた経済大国、工業大国の信条をばっさり捨てた。侵攻開始の四日後、アンゲラ・メルケルは引退以来の発言をした。「ロシアの攻撃に端を発するこの戦争は冷戦終結後のヨーロッパの歴史上、大きく決定的な転換点となります」

メルケルがまっとうし、黄金時代と見なされている平和で豊かな長い時代が終わったのだ。

拍子抜けするほど親しみやすく

どこにいても存在感を示し、感情をあらわにしない勉強家のメルケルにはスタイルがあり、それは…きわめて個性的だ。衣装のことなど話にならない。女性であることは有能さと平等の問題におきかえられる。金銭や贅沢には興味がない。こけおどしは彼女の行動原理にはない。考察し、働き、解決策を見出すというのが仕事の手順だ。ボタンが三つ四ついたノーカラーのジャケットを色ちがいでそろえ、パンツと合わせるといった地味な服を選ぶことで、メルケルは、世界の権力者たちのなかでしばしば紅一点となりながら、職務へのひたすらな姿勢と安心感を伝えている。こうして彼らは、いずれの国際会議でも、合意を形成するために密談を重ねる彼女の姿をいつも目にしている。メルケルは人の肩をポンとたたき、シュナップスをあおる。そして彼らは、おとなしいと思っていたメルケルが抜群のスタミナの持ち主だということに気づくのだ。

カリスマ的なポーズのつもりか、一九九八年からメルケルは、あの有名な「ひし形」の手をするようになった。演説の時の「トレードマーク」だ。両手を臍《へそ》の位置で合わせ、親指を上にして他の指どうしくっつけるのだ。ポスターやTシャツやマグカップのデザインに採用されたこのひし形は大人気となった。メルケルは「やる気満々」なところを見せるのが好きだ。東ドイツで三〇年余りをすごし、スノッブと無縁のメルケルはテンプリンの近くに小さな別荘《ダーチャ》をもっている。現地に行ったマリオン・ヴァン・ランテルゲムによると「赤い屋根の白い質素な家で、まわりには柵があるだけ」だという。メルケル首相はあいかわらず小さなスーパーで買い物をし、水泳や料理が好きだ、とマスコミに何度も書かれたものだ。夏、メルケルは夫とともに、田舎のゲストハウスからバイロイト音楽祭に足を運ぶ（彼女がきらきらした生地の、ときには大胆に肌を見せるドレスをまとうのはオペラのときくらいなものだ）。首相に就任した一期目からムッティ《おかあさん》なる好感がにじむあだ名をつけられたが、メルケルに子どもはいなかった。メルケル夫妻はベルリンでは、首相官邸ではなくシュプレー川のほとりの小さな建物の五階に住んでいる。メルケル付きのジャーナリストのあいだでは、夕刻にブラッスリーで遭遇することもざらにあるといわれている。ドイツではメルケルといっしょに自撮りしようなどとだれも思わない。彼女は演出なしにこうした素朴な親近感を与えるので、フランス人などは拍子ぬけしてしまう。二〇一九年夏はめったにないことが起きた。公の式典の最中に身体が震えるという現象が三度も起きた。カメラが無残な映像を流した。メルケルは動じることなく「脱水症状」だったと述べはしたが「公式な」説明はなにもなかった。

他の国家元首とことなり、メルケルはみずからの誤りを認めてときおり皆を驚かせる。たとえば二〇二一年三月、メルケルはテレビでドイツ国民にこう述べた。「この誤りはわたしの誤りです。ひとえにわたしがおかした誤りです……。心から申し訳なく思い、混乱を招いたことをみなさんにお詫びします」。

これは新型コロナウイルス感染症の急激な再拡大のさなか、復活祭の週末の「ロックダウン」（商店休業、宗教行事中止）計画を撤回したときのことだった。同年七月、ラインラント＝プファルツ州の大洪水の被災者を前にメルケルは述べた。「これほどの惨状を言い表わすドイツ語はないのではないかと思います」

正確な数字と客観的な結果を求める科学者メルケルは、きわめて人間的なつつましさがあり、とりたてていわれることは少ないものの共感力がある。口さがない人たちは華がないというが、それはまちがっている。あるいはメルケルが喜びをあらわにする（それほどめずらしくはない）瞬間を見逃しているのだ。二〇一七年五月一七日メルケルは、難民の子どもたちに物理を教えた七九歳の優秀な女性技術者、マレン・ハインツァリングに国の賞を授けた。ハインツァリングは遠心力の効果をみなの前で説明をしようと、だしぬけにメルケルの手をとり、ダンスのようにくるくるまわりはじめた。メルケルも堅苦しさをすて、嬉々としてつきあった。マレン・ハインツァリングはイギリスの日刊紙「ガーディアン」に「彼女はもう夢中でした」と述べている。哲学者のクレマン・ロッセ[5]は「まさにそこで喜びは原動力になる。生命力の働きと真理の理解が両立するただひとつの感情だ」と書いている。
「面白みがない」と思われているメルケルがどれほど楽しい人かを知ると驚くほかない。

アンゲラ・メルケルはフェミニストか?

二〇二一年秋、著名なフェミニズム活動家でありジャーナリストであるアリス・シュヴァルツァーは「東ドイツで育った彼女にとって、男女平等は当然のことでした。しかしメルケルは、自身の生き方によって世界に通用するモデルにまでなりました。彼女の人生、経歴、成功はフェミニズムそのものです」と述べた[6]。

シュヴァルツァーがメルケルと知り合ったのは一九九一年であり、当時メルケルは青少年・女性担当相として初の大臣職についていた。マリオン・ヴァン・ランテルゲムは二人の関係について「二人の仲の良さは周囲にとって都合が悪い。左派でありフェミニズムの旗手であるシュヴァルツァーが保守的なCDUの大臣と意気投合するとは、というわけだ」と書いている。

たしかに、しかしそれだけではない。女性問題にかんし、アンゲラ・メルケルがときには進歩的、ときには保守的な立場をとりながら、社会の声に耳を傾けつねに「前へ進む」意志をもっていることを、興味深くも二人の特別な固い友情からかいまみることができる。「前進しよう!」というのがメルケルのモットーといえるかもしれない。ときにはわかりにくい態度をとることがあるにしても。

一九九〇年代初め、メルケルは職場におけるハラスメントへの罰則や公共サービス機関における男女同数のための法案を支持したが、CDUの重鎮たちに無視された。メルケルはフェミニストからの支持が欲しかったのである。同じ一九九一年、IVG［人工妊娠中絶］の問題が再統一したばかりのドイツ社会をゆるがした（東ドイツでは中絶は一九七二年に合法化されていたが、西ドイツではまだ制約がきわめて厳しかった）。メルケルは、中絶は処罰の対象から外すが条件つきであるとする妥協案を提示したが、採決の段になってメルケルは信仰の観点から棄権した。メルケルが辞任した二〇二一年でも、この議論は依然として活発だった。この国ではそもそも妊娠中絶の費用が補助されることはまれであり、中絶はいまだにむずかしかった。二〇一七年、メルケルは同性婚にかんする議論をにわかに後押ししたが、自身は反対票を投じた。またしても、賛成に傾く世間の意をくんだものの出身政党の顔を立てたのである。アンゲラ・メルケルがフェミニストから批判されると同時に称賛されているのはこの振れ幅の大きさによるものだ。二〇一八年にカナダで開かれたG7首脳会議での写真に写ったメルケルは尊敬の的であり、集まった男性指導者たちにまじって、自分に対してあくまで冷ややかだったドナルド・トランプの前に立ちはだかるかのように身をのりだしている。

「ムッティ《おかあさん》」は多くの女性同盟者とともに歩んだ。その筆頭はウルズラ・フォン・デア・ライエンで、二〇〇五年から二〇一九年までメルケル内閣の家族・高齢者・婦人・青少年相、労働・社会相、国防相をつとめたのち欧州委員会委員長に就任した。この二人は対照的——一人は子どもがいないがもう一人は七人の子持ちである——だが、ともに女性の就労、保育所の増設、育児手当、男性の育児休暇を支持している。にもかかわらず、男女間の賃金格差はまだ大きく、二〇一九年には一九％もあり、政府は企業の取締役会女性比率の漸進的引き上げを承認するにも（二〇一六年から二〇二〇年までは）及び腰だった。

アンゲラ・メルケルは女性権力者の代表格でありながら、「フェミニスト」とよばれるのを長いあいだ拒んできた。変わり目として知られるのが、二〇二一年九月八日の夜、デュッセルドルフで作家のチママンダ・ンゴズィ・アディーチェと話したときだった。「あなたはフェミニストですか？」とアディーチェがたずねると、メルケルはすぐに答えずちょっと黙った。張りつめた空気のなか、メルケルはようやく口を開いた。「なにかが変わりました。二〇年前なら、壇上での討論に招かれたのは男性だけだったかどうかなど気にしなかったでしょう。いまやそういうわけにはいかないと思います。わたしにとって、フェミニストという言葉は一九六〇年代の運動を思わせます。しかし今日、はい、わたしはフェミニストですと言うことができます。真の男女平等の実現という意味でなら、わたしはフェミニストです！」

首相退任後の人生…

いつもどおり、声には抑揚がなく淡々としており、ほとんど張りがなかった。しかし、ドイツそしてヨーロッパの政治部記者たちは集中してメルケルの言葉に聞き入った。

「首相オラフ・ショルツ氏[7]…この建物の主《ぬし》となり、わが国のために働いてください」

二〇二一年一二月八日一五時、ベルリンのヴィリー・ブラント通り一番地。首相官邸の二階で、アンゲラ・メルケルは三分ほどのスピーチとともにこの広大な建物を後任にゆずりわたした。部下たちからの拍手とともに花束が贈られ、数時間前まで財務大臣であり副首相だったショルツが謝辞を述べた。節度とプラグマティズムへの志向とともに信頼の絆が二人を結びつけていた。この日連邦議会でメルケルは、極右政党員を除くすべての議員からスタンディングオベーションを受けた。こうしてある冬の日、現代ヨーロッパ政治の中心人物が黒塗りのアウディの後部座席にゆっくり身を沈め、公の場とメディアの前から姿を消した。国防省での送別式の際には、三〇年あまりをすごした東ドイツへの郷愁をこめて、パンクのゴッドマザー、ニナ・ハーゲンの歌「カラーフィルムを忘れたのね」を連邦軍楽隊に演奏させた。東ドイツ諸州で大ヒットした曲だった。「この歌はわたしの青春のハイライトでした」とメルケルは言った。マイクを前に彼女は「この二年の感染症拡大は、政治や科学や社会における言葉への信頼がいかに大事かということだけでなく、こうした信頼がいかにもろいものかということも露呈しました」と懸念を口にした。

この日、メルケルはめずらしく感きわまっていた。

彼女の引退はドイツ政治を変えるだろうか？　メルケルの後任となるオラフ・ショルツは憲法に規定されている「債務ブレーキ」を今後も維持すると述べた。国は税収を上まわる支出をしないという決まりである。しかし、上述したウクライナ侵攻によって状況が急変したことからすると、メルケルからの継承路線は途切れるかもしれない。二〇二二年一月、CDU党首に選出されたフリードリヒ・メルツ[8]はメルケルの側近ではなかった。脱原発、再生可能エネルギー関連のインフラ整備など、メルケルはたびたびエコロジストのお株を奪うための手を打ってきたが、連立政権に返り咲いた緑の党は発言権をとりもどした。ドイツでは、二〇二〇年から二〇二一年にかけての新型コロナ危機により男女不平等がより深刻化し、退職した女性の多くが貧困におちいった。メルケル時代はＡｆＤ（ドイツのための選択肢）という極右政党が第二次世界大戦後初めて連邦議会に議席を確保した時代でもあった。ユーロ危機に端を発し、難民危機そして新型コロナ危機によりさらに右傾化が進んだことの表われだった。またドイツは二〇二〇年の国連電子政府ランキングで二五位であり、デジタル化だけは後塵を拝している。

メルケルは豊かで特筆すべきバランスシートを称賛とともに残したが、道なかばで終わっている。これほど長きにわたって大宰相として権力をにぎったのち、メルケルが取り組んだ最重要課題の行く末はどうなるのだろうか？　二〇二一年秋、デュッセルドルフの劇場に招かれたメルケルはこう述べた。「私の子ども時代を思い起こしますと、よく話をしていましたし、一緒になにかしようという気持ちがありました。今日…人々は閉じた空間にこもっています。民主主義を維持したいのであれば、政治以上の何かが必要だとわたしは思います。歴史、哲学、物語が必要ですし、集団的帰属意識を醸成しなければなりません」

二〇二二年一月、アンゲラ・メルケルは回顧録の執筆に着手したと側近のベアテ・バウマンは発表した。物語を、というわけだ。公務にあったメルケルが最後に述べた言葉をふりかえろう。

「わたしは六七歳になりました。残りの時間をどうするか…考えます。執筆したり、自然のなかを歩いたり…自分と向き合います」。

ようやく私人としての生活を満喫できるといったところか。

◆原注

1 アンゲラ・メルケルに関する調査結果。二〇二一年七月九日から八月一〇日にかけて、各回千人以上を対象国から抽出して調査がおこなわれた。
2 二〇一八年一〇月、「マダム・フィガロ」誌のインタビュー。メアリー・ビアードはベストセラー"*Women & Power : A Manifesto*"（邦訳『舌を抜かれる女たち』宮崎真紀訳、二〇二〇年、晶文社）の著者。
3 ベストセラー"*We Should All Be Feminists*"（邦訳『男も女もみんなフェミニストでなきゃ』くぼたのぞみ訳、二〇一七年、河出書房新社）の著者。
4 ドイツ民主共和国の支配政党だったドイツ社会主義統一党。
5 クレマン・ロッセ"*La Force majeure*"一九八三年、Éditions de Minuit, 1983.
6 二〇二一年九月二三日付「レクスプレス」誌のインタビュー記事。
7 ドイツ社会民主党所属のショルツは元弁護士で、首相就任時六三歳。社会民主党、緑の党、ＦＤＰ（自由民主党）の連立内閣を率いることになった。二〇一一年から二〇一八年までハンブルク市長を務めた。アンゲラ・メルケル内閣では労働・社会大臣、財務大臣をつとめた。
8 フリードリヒ・メルツは元企業法務弁護士でノルトライン＝ヴェストファーレン州出身のカトリック。メルケルと比べてより保守的でより対決的な路線の旗手である。

＊参考文献

Chapoutot, Johann, *Histoire de l'Allemagne, de 1806 à nos jours*, Paris, PUF, « Que sais-je ? », 2017.
Colin, Nicolas, et Vitaud, Laëtitia, podcast « Nouveau Départ », nouveaudepart.substack

Koebl, Herlinde, *Angela Merkel. Portraits, 1991-2021*, Paris, Taschen, 2021.
Lorrain, Sophie, *Une histoire de l'Allemagne au fil des textes. De Luther à Helmut Kohl*, Paris, Perrin, 2021.
Resing, Volker, *Angela Merkel, une femme de conviction*, Paris, Empreinte, 2010.
Van Renterghem, Marion, *C'était Merkel*, Paris, Les Arènes, 2021.

執筆者一覧

マルタン・オレル

ポワティエ大学中世史教授、中世文明高等研究センターのディレクター。専門は、地中海沿岸一帯およびプランタジネット帝国における貴族階級と文芸。過去には、フランス大学学院およびプリンストン高等研究所の研究員をつとめていた。これまでに、『プランタジネット帝国』および『アーサー王伝説』（いずれもペラン社刊）をはじめとする一二冊の著作を上梓しており、共著としては二四冊（大部分は、自身が主催したシンポジウムの内容をまとめたもの）を出版している。『カイエ・ド・シヴィリザシオン・メディエヴァル（中世文明研究誌）』の編集も担当している。

ジョルジュ・アヤシュ

外交官、大学教員の経歴をもち、現在は弁護士。米国政治、国際関係、イスラエル・パレスティナ紛争に関する著作複数を上梓している。ペラン社からは『ジョン・ケネディ』（二〇一八）、『イスラエルの一二の柱』（二〇一九）、『ニクソンの失墜』（二〇二〇）、『モーシェ・ダヤン』（二〇二一）を出版している。

シモーヌ・ベルティエール

ベルティエールが、決定版とされる伝記（レ枢機卿、マザラン、コンデ公）を筆頭に力作を次々に発表して数多くの賞を贈られ、女性の歴史とアンシャンレジームにかんする一般の知識を一新したことは、いまさら紹介するまでもない。また、古代ギリシア・ローマをテーマとする著作（『クリュタイムネーストラーのための弁明』、『ウリュッセウス物語』）にも健筆をふるい、文学史にも斬り込んで好評を博している（『デュマと三銃士、ある傑作の物語』）。

ジャン＝ポール・ブレド
パリⅣソルボンヌ大学名誉教授。皇帝フランツ＝ヨーゼフ、ビスマルク、ゾフィー・フォン・ハプスブルク、マルレーネ・ディートリッヒの伝記を著し、高い評価を受けている。

ソフィー・ブルケ
大学名誉教授。何冊もの著作があるが、ペラン社からは『女騎士たち――女性の騎士道』（二〇一三）および『イングランド王妃、イザベラ・オヴ・フランス』（二〇二〇）を出版。

ジョエル・シュヴェ
パリⅣソルボンヌ大学卒。権力とセクシュアリティの分野における女性を研究対象とする歴史家。『高級娼婦』（フィルスト・イストワール社、二〇一二）に続く直近の著作『第二共和制から第五共和制までのエリゼ宮女性史』（ルロシェ社、二〇一七）では、フランスの代々の「ファーストレディ」の運命をさぐった。『イストリア』誌、『ポワン・ド・ヴュ』誌、『スクレ・ディストワール』誌に寄稿するジャーナリスト、講演者として活躍するかたわら、ラジオ番組（ＲＴＬの『アントレ・ダン・リストワール』、ウロップ・アンの『イストリックモン・ヴォトル』）およびテレビ番組（『スクレ・ディストワール』、『レセ＝ヌー・ギデ』）にも定期的に出演している。

ヴィヴィアン・ショカス

ジャーナリスト、『マダム・フィガロ』編集長。『バザール・マジャール』（二〇〇六）および『死んだ仲間と比べれば、わたしはずっと元気』（二〇一二）をエロイーズ・ドルメソン社から出版している。

エレーヌ・ドラレクス

ヴェルサイユ・トリアノン宮殿国立博物館の「家具および美術品」遺産学芸員として、マリー・アントワネットの私的居住空間を担当している。「ルイ一五世　ある国王の嗜好と関心事」（ヴェルサイユ宮殿、二〇二二）、「ヴェルサイユと世界」（ルーヴル・アブダビ分館、二〇二二）等の、フランス内外で開催された大規模美術展でキュレーターをつとめた。マリー・アントワネットの専門家として、近年は『マリー・アントワネット軽薄と一貫性』（ペラン／仏国立図書館、二〇二一）、『マリー・アントワネットと過ごす一日』（フラマリオン、二〇一五）を上梓したほか、『太陽王の騎馬パレード』（ガリマール、二〇一六）や『私生活のルイ一四世』（ガリマール、二〇一五）といった歴史本を数多く出版している。くわえて、ソルボンヌ大学の文化遺産学芸員試験準備クラスで美術史講師をつとめている。

ブリュノ・デュメジル

ソルボンヌ大学中世史教授。民族移動、社会ネットワーク、指導層の歴史を通して、中世初期の西洋を研究している。『ヨーロッパに見るキリスト教のルーツ――五～八世紀の蛮族王国における帰依と自由』（ファイヤール、二〇〇五）、『王妃ブルンヒルド』（ファイヤール、二〇〇八）、『西洋の蛮族王国』（PUF、二〇一〇）、『フランク人のガリアにおいて国家に仕える』（タランディエ、二〇一三）、『蛮族』（ＰＵＦ、二〇一六）、『クロヴィスの洗礼』（ガリマール、二〇一九）等の、複数の著作を上梓している。また、サン＝ジェルマン＝アン＝レー国立考古学博物館に協力して、『われらの先祖、蛮族』展（二〇〇八）、『アウストラシア、忘れられたメロヴィング王国』展（二〇一六）の準備にも参画した。

エドモン・ジエムボウスキー

ブルゴーニュ＝フランシュ＝コンテ大学（ブザンソン）教授、サントル・リュシアン＝フェーヴルのメンバー。専門は一八世紀の政治文化。著作『七年戦争、一七五六〜一七六三』（ペラン／国防省、二〇一五）は、シャトーブリアン賞およびフランスアカデミーのギゾー賞に輝いた。また、二〇一九年に出版した『革命の世紀、一六六〇〜一七八九』は、ル・ポワン誌の年間特選の一冊に選ばれ、ヴェルサイユ宮殿二〇二〇年歴史本賞を獲得した。

セバスティアン・ファレッテイ

歴史の上級教員資格者、フィガロ紙アジア通信員。ソウル、上海、北京と順に拠点を移しつつ、一〇年以上前からアジア各地を訪ね歩いている。『韓国、奇跡の味』（ネヴィカタ、二〇一六）、『キムの足跡——北朝鮮に分け入る旅』（エクワトゥール、二〇一八）、『アルフレード・ドレイフュス』（アティエ、二〇〇二）等の著作がある。

ギヨーム・フランツヴァ

国立古文書学校卒業生、パリＩ大学で芸術史博士号取得。外交古文書センターの文化遺産学芸員。ペラン社からは、読者および批評家から大好評を得た『一五二〇年　新世界の入り口で』と、『世界帝国——カール

五世の破れた夢　一五二五〜一五四五』を出版している。

アンヌ・フュルダ

フィガロ紙の国外取材リポーター、「ポートレート」欄の責任者。CNewsの書評番組「本の時間」の司会をつとめている。『とりまきが多い大統領』（グラセ、一九九七）、『フランソワ・バロワン——ひかえめに見える政治家の実像』（ＪＣラテス、二〇一二）、『女たちの肖像』（プロン、二〇一六）、『エマニュエル・マクロン——かくも完璧な若者』（プロン、二〇一七）を上梓している。

フランソワ・ゴティエ

作家、ジャーナリスト。ラ・ヌーヴェル・ルヴュ・ド・ランド誌編集長。『インドに向けるもう一つの眼差し』（エディシオン・デュ・トリコルヌ、一九九九）、『スワミ——最高経営責任者かつヒンズー教僧侶』（ジャン＝ピエール・デルヴィル　エディトール、二〇〇三）、「魂のキャラバン」（レ・ベル・レットル、二〇〇五）、『インドのフランス人』（フランス・ロワジール、二〇〇八）、『インドが寝覚めるとき、フランスは眠っている』（エディシオン・デュ・ロシェ、二〇一二）、『新インド史』（ラルシペル、二〇一七）を上梓している。

エマニュエル・エシュト

ジャーナリスト、歴史研究者、編集者。ピエール・セルヴァンとの共著、『ツァーリたちのロシア』と『血の世紀』は二〇一四年にペラン／レクスプレスから出版された。また、『真実と伝説』叢書（ペラン）の監修者をつとめている。

ヴァンサン・ユジュ

フランスのメディア界における、もっともアフリカに詳しいジャーナリストの一人。レクスプレス誌の国際部で三〇年間働いた経験を活かし、LCIを始めとする数多くのメディアに登場し、政治学院で教鞭をとっている。ペラン社からは、注目を集めた『アフリカの女王』(二〇一六)、『アフリカの暴君』(二〇二一)にくわえ、カダフィ研究の決定版とされるカダフィ伝(二〇一七)を出版している。

ロレーヌ・ド・モー

歴史の上級教員資格、博士号を持つ。専門は近代と現代のロシア。『ロシアの大富豪ギュンツブルク家の人々――パリ/サンクトペテルブルク、一九~二〇世紀』(ペラン、二〇一八)、『ロシアと東方の誘惑』(ファイヤール、二〇一〇)等の著者。『サンクトペテルブルク――歴史、探訪、アンソロジー、辞典』(ロベール・ラフォン『ブカン』叢書、二〇〇三)の編者を務め、パトリス・グニフェイとの共著で『フランス史の著名なカップル』(ペラン、二〇一七)を出版した。

ヴァレリー・ニケ

戦略研究財団(FRS)のアジア担当責任者。IFRI(フランス国際関係研究所)のアジアセンターでディレクターをつとめていたころには、中国、インド、日本にかんする複数の研究プログラムを発足させた。兵法書『孫氏』および『孫臏兵法』を仏訳した。最新作である『中国にかんする一〇〇の質問』(二〇二一)と『中国と対峙する台湾』(二〇二二)はタランディエから出版された。

ロベール・ソレ

カイロ生まれ。長年にわたってル・モンドのジャーナリストをつとめ、週刊誌ル・アンに定期的に寄稿している。エディシオン・デュ・スイユから小説七冊を出版し、生まれ育った国であるエジプトにかんする数多くのエッセーを執筆している。批評家たちから激賞された『サダト』は、オスゴール市伝記賞を獲得した。ペラン社からは、『彼らは近代エジプトを作った』（二〇一七）、『エジプト学の大冒険』（二〇一九）、『イスマーイール・パシャ』（二〇二一）を出版している。

ジャン・フランソワ・ソルノン

ブザンソン大学近代史名誉教授。もっともすぐれたアンシャンレジーム専門家の一人。著作の数は多く、ペランからは『カトリーヌ・ド・メディシス』（テンプス叢書、二〇〇九）、『歴史におけるロイヤルカップル夫婦での統治』（テンプス叢書、二〇一二、邦題『ロイヤルカップルが変えた世界史』として原書房から和訳が出版されている）、『アンヌ・ドートリッシュ』（ペラン、二〇二二）を出版している。

◆編者略歴◆
アンヌ・フュルダ（Anne Fulda）
フィガロ紙の国外取材リポーター、「ポートレート」欄の責任者。CNewsの書評番組「本の時間」の司会をつとめている。『とりまきが多い大統領』（グラセ、1997）、『フランソワ・バロワン、ひかえめ目に見える政治家の実像』（JCラテス、2012）、『女たちの肖像』（プロン、2016）、『エマニュエル・マクロン、かくも完璧な若者』（プロン、2017）を上梓している。

◆訳者略歴◆
神田順子（かんだ・じゅんこ）…12章、執筆者一覧担当
フランス語通訳・翻訳家。上智大学外国語学部フランス語学科卒業。共訳に、ビュイッソンほか『王妃たちの最期の日々』、ゲズ『独裁者が変えた世界史』、バタジオン編『「悪」が変えた世界史』、ドゥコー『傑物が変えた世界史』、フランクバルム『酔っぱらいが変えた世界史』、ルドー『世界史を変えた独裁者たちの食卓』、フェラン『運命が変えた世界史』（以上、原書房）、監訳に、プティフィス編『世界史を変えた40の謎』（原書房）、ピエール＝アントワーヌ・ドネ『世界を喰らう龍 中国の野望』（春秋社）などがある。

田辺希久子（たなべ・きくこ）…11、18章担当
青山学院大学大学院国際政治経済研究科修了。翻訳家。最近の訳書に、グッドマン『真のダイバーシティをめざして』（上智大学出版）、共訳書に、ビュイッソン『暗殺が変えた世界史』、ソルノン『ロイヤルカップルが変えた世界史』、フランクバルム『酔っぱらいが変えた世界史』、ルドー『世界史を変えた独裁者たちの食卓』、フェラン『運命が変えた世界史』（以上、原書房）、コルナバス『地政学世界地図』（東京書籍）などがある。

河越宏一（かわごえ・こういち）…13、17章担当
神田外語キャリアカレッジフランス語講師。フランスグルノーブル大学政治学科留学、上智大学外国語学部フランス語学科卒。商社勤務でフランス語圏で長年過ごす。退社後にフランス語全国通訳案内士の資格取得。

村上尚子（むらかみ・なおこ）…14、15、19章担当
フランス語翻訳家、司書。東京大学教養学部教養学科フランス分科卒。訳書に、オーグ『セザンヌ』、ボナフー『レンブラント』（以上、創元社）、共訳書に、ビュイッソンほか『敗者が変えた世界史』、バタジオン編『「悪」が変えた世界史』、フランクバルム『酔っぱらいが変えた世界史』、プティフィス編『世界史を変えた40の謎』、フェラン『運命が変えた世界史』（以上、原書房）などがある。

松尾真奈美（まつお・まなみ）…16章担当
大阪大学文学部文学科仏文学専攻卒業。神戸女学院大学大学院文学研究科英文学専攻（通訳翻訳コース）修了。翻訳家。共訳書に、ゲズ『独裁者が変えた世界史』、バタジオンほか『「悪」が変えた世界史』、ドゥコー『傑物が変えた世界史』、ソルノン『ロイヤルカップルが変えた世界史』、プティフィス編『世界史を変えた40の謎』（以上、原書房）などがある。

清水珠代（しみず・たまよ）…20章担当
上智大学文学部フランス文学科卒業。訳書に、ブリザールほか『独裁者の子どもたち』、デュクレほか『独裁者たちの最期の日々』、ダヴィスほか『フランス香水伝説物語』（以上、原書房）、ランテルゲム『アンゲラ・メルケル――東ドイツの物理学者がヨーロッパの母になるまで』（東京書籍）、共訳書に、ラフィ『カストロ』、ブレゼほか『世界史を作ったライバルたち』、ルドー『世界史を変えた独裁者たちの食卓』、フェラン『運命が変えた世界史』（以上、原書房）などがある。

世界史《せかいし》を変《か》えた女性指導者《じょせいしどうしゃ》たち
下
マリー・アントワネットからメルケルまで

●

2023年9月1日　第1刷

編者………アンヌ・フュルダ
訳者………神田順子《かんだじゅんこ》／田辺希久子《たなべきくこ》／河越宏一《かわごえこういち》
村上尚子《むらかみなおこ》／松尾真奈美《まつおまなみ》／清水珠代《しみずたまよ》
装幀………川島進デザイン室
本文・カバー印刷………株式会社ディグ
製本………東京美術紙工協業組合
発行者………成瀬雅人

発行所………株式会社原書房
〒160-0022　東京都新宿区新宿1-25-13
電話・代表 03(3354)0685
http://www.harashobo.co.jp
振替・00150-6-151594
ISBN978-4-562-07299-6